읽는 재미를 높인 초등 문해력 향상 프로그램!

바빠
독해
시리즈

바쁜
초등학생을 위한
빠른 독해

재미있고
궁금해서
자꾸 읽고 싶어요!

2단계
초등 1~2학년

이지스에듀

영재 교육 선생님들의 선생님!

호사라 박사

분당 영재사랑(www.영재사랑.kr) 공동 대표
고려대학교 교육대학원 교수(전)
시도 교육청 영재교사연수 강사 역임

서울대학교 교육학과에서 학사와 석사 학위를, 버지니아 대학교(University of Virginia)에서 영재 교육학 박사 학위를 취득한 영재 교육 전문가이다. 미국 미연방영재센터에서 영재 교사 연수 프로그램과 영재 교육 프로그램을 개발한 다음 귀국 후에는 한국교육개발원에서 '창의성 교육 프로그램'을, 한국교육학술정보원에서 'Creative Thinker' 프로그램을 개발했다. 또한 고려대학교 교육대학원과 각 시도교육청 산하 영재교육원 교사들을 위한 강의를 통해 한국영재교육 인력을 양성하고 있는 '선생님들의 선생님'이다.

분당에 영재사랑 교육연구소를 설립하여 유년기(6세~13세) 영재들을 위한 논술, 수리, 탐구 프로그램을 직접 개발하여 수업을 진행하고 있다. 16년간의 지도 경험을 바탕으로 이번에는 모든 어린이를 위한 즐거운 독해 책을 고민하며 '바쁜 초등학생을 위한 빠른 독해'를 출간했다.

저서로는 《7살 첫 국어 1. 받침 없는 교과서 낱말》과 《7살 첫 국어 2. 받침 있는 교과서 낱말》《바쁜 초등학생을 위한 빠른 맞춤법 1, 2》가 있다.

바쁜 초등학생을 위한 빠른 독해 2단계

초판 1쇄 발행 2021년 10월 15일
초판 6쇄 발행 2024년 9월 30일
지은이 분당 영재사랑 교육연구소, 호사라
발행인 이지연
펴낸곳 이지스퍼블리싱(주)
출판사 등록번호 제313-2010-123호
주소 서울시 마포구 잔다리로 109 이지스 빌딩 5층(우편번호 04003)
대표전화 02-325-1722   팩스 02-326-1723
이지스퍼블리싱 홈페이지 www.easyspub.com   이지스에듀 카페 www.easysedu.co.kr
바빠 아지트 블로그 blog.naver.com/easyspub   인스타그램 @easys_edu
페이스북 www.facebook.com/easyspub2014   이메일 service@easyspub.co.kr

본부장 조은미   기획 및 책임 편집 정지연, 이지혜, 박지연, 김현주   교정 교열 박명희, 김아롬   문제검수 전수민
디자인 정우영, 손한나   삽화 김학수, 이민영   사진 제공 Shutterstock.com   전산편집 트인글터   인쇄 보광문화
사영업 및 문의 이주동, 김요한(support@easyspub.co.kr)   마케팅 라혜주   독자 지원 박애림, 김수경

ISBN 979-11-6303-277-9 64710
ISBN 979-11-6303-275-5(세트)
가격 9,800원

• **이지스에듀**는 이지스퍼블리싱의 교육 브랜드입니다.
  (이지스에듀는 아이들을 탈락시키지 않고 모두 목적지까지 데려가는 정신으로 책을 만듭니다!)

호 박사

안녕하세요! 저는 어린이가 즐겁게 공부하는 방법을 연구하며 16년째
어린이들을 직접 지도하고 있는 호 박사예요.
어느 날 꿈속에서 네 어린이의 대화를 엿듣게 되었어요.

나는 책 읽기가 싫어.
혼자 가만히 읽고 있으면
지겹고 심심해.

나는 글을 대충대충 읽어.
맞힐 수 있는 문제도
자꾸 틀려서 속상해.

나는 독해 책을 풀다가
포기했어. 자꾸 틀려서
혼나는 게 싫거든.

나는 독해 책이 재미없어서
풀다 말았어. 웃으면서 푸는
독해 책은 없을까?

어린이들의 목소리와 표정이 너무나 생생해서 저는 이게 꿈인가, 생시인가 어리둥절했
답니다. 여러분도 혹시 제 꿈에 들어왔었나요?
어쨌든 그날부터 저는 머리에 띠를 두르고 이 책을 쓰기 시작했어요. 심심하지 않고, 대
충대충 읽는 습관을 고치고, 혼나지 않고, 웃으면서 즐겁게 공부할 수 있는 책을 상상하
면서요. 이 책이 여러분 마음에 꼭 들었으면 좋겠어요!

분당에 사는 '호박 사' 아니고 호 박사가.

☆☆☆ 읽는 재미를 높인 초등 문해력 향상 프로그램

"재미있고 궁금해서 자꾸 읽고 싶은 독해 책이에요!"

2학년이 되면 교과서 글의 수준이 훌쩍 높아져요! ☆

많은 부모님이 학교 공부가 쉽다는 자녀의 말에 안도하며 1학년을 보냅니다. 그러다 2학년이 되면 당혹스러워합니다. 국어 교과서에 '해거름,' '흉년'과 같은 어려운 낱말이 나오고, 심지어 수학 교과서의 지문조차 길어지기 때문이지요. 이때, 풍부한 독서 경험을 한 어린이는 배우는 내용이 어려워져도 파도를 잘 넘어갑니다.

하지만 '독서는 힘'이라는 사실을 안다 해도 우리의 고민과 궁금증은 사라지지 않습니다. '책을 얼마나, 어떻게 읽혀야 할까? 독서를 싫어하는 아이는 방법이 없는 걸까? 또 학년이 올라갈수록 '독서' 말고 놓치지 말아야 할 것은 무엇일까?'

모든 공부의 기본! '독해력' ☆

바로 '독해력'입니다. '독해력'은 말 그대로 글을 읽고 뜻을 이해하는 능력입니다. 문제 상황을 글로 제시하고 해결하도록 요구하는 학교 평가에서 높은 성취를 이루려면, '독해력'이 필수입니다. 독해력은 단순히 글씨를 읽는 과정을 넘어 단어, 문장 그리고 문단을 이해하는 과정을 반복해서 거치면서 길러집니다. 이때 거치는 과정은 학생들의 발달 단계에 맞게 차별화되어야 합니다.

1~2학년 국어 읽기 영역 성취 기준에 딱 맞춘 책! ☆

그렇다면 1~2학년 학생에게는 어떤 과정이 알맞을까요? 초등 1~2학년 국어 읽기 영역 성취 기준은 다음과 같습니다.

1) 글자, 낱말, 문장을 소리 내어 읽는다.
2) 문장과 글을 알맞게 띄어 읽는다.
3) 글을 읽고 주요 내용을 확인한다.
4) 글을 읽고 인물의 처지와 마음을 짐작한다.
5) 글 읽기에 흥미를 가지고 책을 즐겨 읽는 태도를 지닌다.

'바빠 독해'는 위 성취 기준에 기반을 둔 프로그램입니다. 어린이는 소리 내어 지문을 읽는 것으로 시작해서, 주요 내용을 확인하고, 인물의 처지와 마음을 짐작하는 과정을 반복해서 접하게 됩니다.

1·2학년이 직접 고른 재미있는 이야기들!	이 책은 "어린이가 웃으면서 푸는 독해 책은 없을까?" 고민하며 쓴 책입니다. '바빠 독해' 프로그램을 개발하기 위해 저는 저학년이 가장 재미있어하는 글감을 고른 다음, 연구소에서 실제 1, 2학년 친구들에게 보여 주고 정말 관심을 갖고 흥미로워하는 이야기만 선별했습니다. 또한 1, 2학년의 집중력이 유지될 만한 분량으로 지문을 구성했습니다.
'문해력'도 함께 길러요!	최근 '문해력'이 주목받고 있습니다. 문해력은 글을 읽고, 이해하고, 표현해 내는 능력입니다. 저는 이 책을 통해 문해력까지 길러 줄 수 있는 방법은 없을지 고민했습니다. 그래서 보기 중 맞는 답을 고르는 다른 독해 책들과 달리, 이 책에는 '바빠독', '바쁘냥'과 같은 '화자'들이 선택지에 등장합니다. 어린이들이 이들에 자신을 대입해 보며 글에 대한 자신의 생각을 말해 본다면 '문해력'도 함께 기를 수 있습니다.
초등 교과의 배경지식은 저절로!	이 책은 '이솝 우화', '과학 상식', '전래 동화', '사회 상식'으로 구성되어 있습니다. 다채로운 주제를 읽다 보면 국어, 사회, 과학 교과의 배경지식이 저절로 쌓여 학교 공부에도 도움이 될 거예요!

우리 아이들이 '바빠 독해' 책으로 더 즐겁게 독해력, 문해력을 키우기를 진심으로 바랍니다!

분당 영재사랑 교육연구소, 호사라 박사

같이
읽어 볼까?

🔊)) **이 책은 반드시 소리 내어 읽는 것으로 시작하세요.**
소리 내어 읽으면 내용을 상상하고 머릿속에서 정리 정돈하게 돼요.

1. 어휘력

낱말 뜻부터 알자!
낱말의 뜻을 생각하며 빈칸을 채워 보세요. 낱말의 뜻을 잘 모른 채 글을 읽으면 내용을 오해하게 돼요.

1 빈칸에 알맞은 말을 넣어 설명을 완성하세요.
어휘력

보기
표정   이리저리   씹는

헤매다	어디로 가야 할지 몰라 ☐☐☐☐ 돌아다니다.
오물오물	입 안에서 음식을 조금씩 여러 번 ☐☐ 모양.
눈초리	눈에 나타나는 ☐☐.

2. 이해력

자세히 들여다보자!
'누가, 무엇을, 어떻게, 언제, 왜?'
읽은 글의 중심 내용을 떠올려 보세요.

2 ☐ 안에 들어갈 내용으로 알맞은 것에 O표 하세요.
이해력

❶ 배부른 | 배고픈 늑대가 먹이를 찾아 헤매고 있었어요.

❷ 절벽은 늑대가 내려가기에 위험 | 안전 해 보였어요.

❸ 늑대의 칭찬에 염소는 들은 척 만 척 했어요 | 기뻐했어요.

호 박사

부모님과 선생님, 이렇게 도와주세요!
⭐ 이 책의 글감을 읽을 때 어린이 한 줄, 부모님 한 줄 또는 등장인물을 나누어 읽으면 더 재미있어요!

⭐ 맞춤법은 어른도 어려워하는 부분이니 틀려도 절대 혼내지 마세요!
어려워하는 어린이에게는 지문에서 힌트를 찾은 뒤 써 보라고 용기를 주세요!

⭐ 공부방 선생님께: 월요일~목요일은 하루에 2과씩 풀고, 금요일은 복습 페이지를 푼 다음 마당별로 틀린 문제를 정리하게 하세요. 이 책을 4주 안에 완성할 수 있습니다!

3. 사고력

한 걸음 떨어져서 생각하자!

등장인물의 마음과 처지, 내용 사이의 관계를 생각해 보세요. 바빠독과 바쁘냥처럼 글에 대한 자신의 생각을 말해 본다면 '문해력'까지 기를 수 있어요.

3 사고력
'박쥐 같다'는 뜻을 바르게 설명한 친구는 누구인가요? ( )

① '진 편을 챙겨 주는 마음 착한 사람'이라는 뜻이야.
바쁘냥

② '왔다 갔다 이긴 편에 들러붙는 사람'이라는 뜻이야.
바빠독

4. 내용 정리

글의 짜임새를 되새기자!

중심 내용을 떠올리며 읽은 글의 짜임새를 저장하세요! 읽은 글의 내용을 4단계로 요약할 수 있다면 독해력의 90%는 완성된 거나 마찬가지예요!

글을 읽고 4단계로 요약하는 습관을 기르면 최고!

4 내용 정리
줄거리입니다. 빈칸에 들어갈 말을 골라 쓰세요.

보기 범인 배 안쪽 활

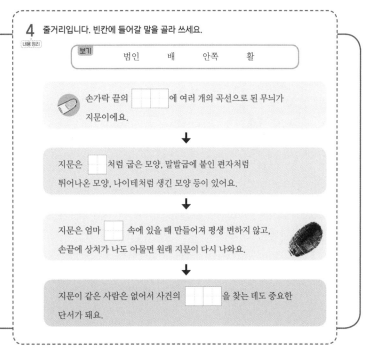
손가락 끝의 □□에 여러 개의 곡선으로 된 무늬가 지문이에요.

↓

지문은 □처럼 굽은 모양, 말발굽에 붙인 편자처럼 튀어나온 모양, 나이테처럼 생긴 모양 등이 있어요.

↓

지문은 엄마 □ 속에 있을 때 만들어져 평생 변하지 않고, 손끝에 상처가 나도 아물면 원래 지문이 다시 나와요.

↓

지문이 같은 사람은 없어서 사건의 □□을 찾는 데도 중요한 단서가 돼요.

5. 맞춤법

문법 실력도 기르자!

읽은 글에서 여러 가지 맞춤법과 띄어쓰기를 익혀 보세요. 받아쓰기 시험에도 자신감이 생길 거예요!

5 맞춤법
밑줄 친 부분을 바르게 띄어 쓰세요.

읽을 때는 한 덩어리로 읽더라도, 실제로는 두 낱말이어서 쓸 때는 띄어 써야 해요.

☆ 부드럽게굽은 → [　][　][　][　][V][　][　][　]

☆ 점점커지는 → [　][　][　][V][　][　][　]

 차 례

바쁜 초등학생을 위한 빠른 독해 ❷ 단계

📖 초등 교과 연계

첫째 마당 이솝 우화			
01 늑대와 염소 ①	12		
02 늑대와 염소 ②	15	【국어 2-1 나】 11. 상상의 날개를 펴요
03 아기 생쥐와 고양이와 수탉 ①	18	【국어 2-2 가】 3. 말의 재미를 찾아서
04 아기 생쥐와 고양이와 수탉 ②	21	
05 황금 알을 낳는 거위 ①	24	【국어 2-2 나】 9. 주요 내용을 찾아요
06 황금 알을 낳는 거위 ②	27	【국어 활동 2-2】 7. 일이 일어난 차례를 살펴요
07 쫓겨난 박쥐 ①	30	【국어 활동 2-2】 11. 실감나게 표현해요
08 쫓겨난 박쥐 ②	33	
● 첫째 마당 복습	36	

둘째 마당 과학 상식			
09 주사위 모양의 똥이 있다고?	38	【봄 2-1】 1. 알쏭달쏭 나
10 둥둥 떠서 잠을 잔다고?	41	【과학 3-1】 5. 지구의 모습
11 공룡이 새끼를 돌봤다고?	44	【과학 4-1】 2. 지층과 화석
12 고구마가 뿌리라고?	47	【과학 4-1】 3. 식물의 한살이
13 주머니 달린 상어가 있다고?	50	【과학 3-2】 2. 동물의 생활
14 키위가 새 이름이라고?	53	【겨울 2-2】 1. 두근두근 세계 여행
15 거북을 닮은 개구리가 있다고?	56	【과학 3-2】 2. 동물의 생활
16 무늬로 범인을 잡는다고?	59	【봄 2-1】 1. 알쏭달쏭 나
● 둘째 마당 복습	62	

8

셋째 마당
전래 동화

17 빨강 부채, 파랑 부채 ①	64	
18 빨강 부채, 파랑 부채 ②	67	【국어 2-1 나】 11. 상상의 날개를 펴요
19 동물들의 나이 자랑 ①	70	【국어 2-2 가】 3. 말의 재미를 찾아서
20 동물들의 나이 자랑 ②	73	
21 요술 항아리 ①	76	【국어 2-2 나】 9. 주요 내용을 찾아요
22 요술 항아리 ②	79	【국어 활동 2-2】 7. 일이 일어난 차례를 살펴요
23 소가 된 게으름뱅이 ①	82	【국어 활동 2-2】 1. 실감나게 표현해요
24 소가 된 게으름뱅이 ②	85	
● 셋째 마당 복습	88	

넷째 마당
사회 상식

25 집과 의자를 타고 다녔다고?	90	【사회 3-1】 3. 교통과 통신 수단의 변화
26 초콜릿이 음료였다고?	93	【겨울 2-2】 1. 두근두근 세계 여행
27 모기의 침을 본뜬 주사가 있다고?	96	【사회 4-2】 2. 필요한 것의 생산과 교환
28 남극이 사막이라고?	99	【겨울 2-2】 1. 두근두근 세계 여행
29 구멍 뚫린 돈이 있다고?	102	【사회 3-1】 2. 시대마다 다른 삶의 모습
30 국기에 독수리가 그려져 있다고?	105	【겨울 2-2】 1. 두근두근 세계 여행
31 애벌레가 부자로 만들어 준다고?	108	【사회 4-2】 2. 필요한 것의 생산과 교환
32 나무로 신발을 만든다고?	111	【여름 2-1】 2. 초록이의 여름 여행
● 넷째 마당 복습	114	

 차 례

 1단계 차례도 살펴보세요!

바쁜 초등학생을 위한 빠른 독해 ❶단계

📖 초등 교과 연계

첫째 마당 이솝 우화	01 여우와 두루미 ①	【국어 1-1 나】
	02 여우와 두루미 ②	8. 소리 내어 또박또박 읽어요
	03 하늘을 날고 싶은 거북 ①	【국어 1-2 나】 6. 고운 말을 해요
	04 하늘을 날고 싶은 거북 ②	【국어 활동 1-2】 2. 소리와 모양을 흉내 내요.
	05 욕심쟁이와 땅콩 ①	
	06 욕심쟁이와 땅콩 ②	【국어 활동 1-2】 5.알맞은 목소리로 읽어요
	07 개미와 번데기 ①	【국어 활동 1-2】 7. 무엇이 중요할까
	08 개미와 번데기 ②	【국어 활동 1-2】 8. 띄어 읽어요
	• 첫째 마당 복습	
둘째 마당 과학 상식	09 코딱지에게 고마워해야 한다고?	【봄 2-1】 1. 알쏭달쏭 나
	10 화려한 색의 똥이 있다고?	【과학 3-1】 3. 동물의 한살이
	11 북극곰 털이 흰색이 아니라고?	【과학 3-1】 3. 동물의 생활
	12 별똥별은 별이 아니라고?	【과학 5-1】 3. 태양계와 별
	13 돌멩이를 먹은 공룡이 있다고?	【과학 3-1】 3. 동물의 생활
	14 부엉이와 올빼미가 헷갈린다고?	【과학 3-1】 3. 동물의 생활
	15 사막에서도 끄떡없다고?	【여름 1-1】 2. 여름 나라
	16 싸움꾼 세포가 있다고?	【봄 2-1】 1. 알쏭달쏭 나
	• 둘째 마당 복습	
셋째 마당 전래 동화	17 호랑이보다 무서운 것 ①	【국어 1-1 나】 7. 생각을 나타내요.
	18 호랑이보다 무서운 것 ②	【국어 1-1 나】 8. 소리 내어 또박또박 읽어요
	19 토끼의 재판 ①	
	20 토끼의 재판 ②	【국어 1-2 가】 1. 소중한 책을 소개해요
	21 산딸기와 이방의 아들 ①	【국어 1-2 가】 4. 바른 자세로 말해요
	22 산딸기와 이방의 아들 ②	【국어 활동 1-2】 2. 소리와 모양을 흉내 내요
	23 송아지와 바꾼 무 ①	
	24 송아지와 바꾼 무 ②	【국어 활동 1-2】 5. 알맞은 목소리로 읽어요
	• 셋째 마당 복습	
넷째 마당 사회 상식	25 호미가 세계적인 스타라고?	【봄 1-1】 2. 도란도란 봄 동산
	26 웃으면 복이 온다고?	【봄 2-1】 1. 알쏭달쏭 나
	27 꼬리를 잡으면 이긴다고?	【국어 1-2 나】 8. 띄어 읽어요
	28 샌드위치가 음식이 아니었다고?	【겨울 2-2】1. 두근두근 세계 여행
	29 돌로 콩을 갈았다고?	【국어 1-2 나】 7. 무엇이 중요할까요
	30 강강술래가 나라를 지켰다고?	【국어 1-2 나】 8. 띄어 읽어요
	31 북극곰 수영 대회가 있다고?	【겨울 2-2】 1. 두근두근 세계 여행
	32 파도에 떠밀려 온 고래를 보면?	【도덕 3】 6. 생명을 존중하는 우리
	• 넷째 마당 복습	

이솝 우화

이솝은 고대 그리스의 이야기꾼이에요. 노예의 아들로 태어났지만 임금님의 스승까지 되었으며 지금은 전 세계가 사랑하는 이야기꾼이 되었지요. 국어 교과서에 자주 등장하는 그의 이야기는 재미있고 인성을 기르는 데도 도움이 돼요. 첫째 마당을 통해 독해력을 기르는 여행의 첫걸음을 떼어 보세요.

공부할 내용!

공부한 날짜

01	늑대와 염소 ①	월	일
02	늑대와 염소 ②	월	일
03	아기 생쥐와 고양이와 수탉 ①	월	일
04	아기 생쥐와 고양이와 수탉 ②	월	일
05	황금 알을 낳는 거위 ①	월	일
06	황금 알을 낳는 거위 ②	월	일
07	쫓겨난 박쥐 ①	월	일
08	쫓겨난 박쥐 ②	월	일

늑대와 염소 ①

🔊》 다음 글을 소리 내어 읽어 보세요.

　배고픈 늑대가 먹이를 찾아 어슬렁어슬렁 헤매고 있었어요.

　바로 그때, 절벽 아래에서 풀을 오물오물 뜯어 먹는 염소 한 마리가 보였어요. 염소는 포동포동한 게 먹음직해 보였지요.

　그런데 그 절벽은 늑대가 내려가기에는 위험해 보였어요.

　'저렇게 위험한 데를 어떻게 내려가지? 자칫하면 미끄러져 절벽 아래로 굴러떨어질 텐데······.'

　그러다가 꾀를 낸 늑대는 염소에게 말을 건넸지요.

　"염소 씨! 드디어 당신을 만났네요!"

　염소는 의심하는 눈초리로 늑대를 쳐다보았어요.

　늑대는 이어서 말했어요.

　"당신 친척 산양이 당신은 뿔과 수염도 멋지지만 이야기도 재미있게 잘한다고 칭찬하더군요. 그래서 제가 염소 씨를 만나고 싶어서 온 산을 다 뒤졌답니다."

　그러나 염소는 들은 척 만 척 풀만 뜯어 먹었어요.

반가워요!

1 빈칸에 알맞은 말을 넣어 설명을 완성하세요.

어휘력

보기

표정	이리저리	씹는

헤매다	어디로 가야 할지 몰라 돌아다니다.	☐☐☐☐
오물오물	입 안에서 음식을 조금씩 여러 번 ☐☐ 모양.	
눈초리	눈에 나타나는 ☐☐.	

2 ☐ 안에 들어갈 내용으로 알맞은 것에 O표 하세요.

이해력

❶ [배부른 | 배고픈] 늑대가 먹이를 찾아 헤매고 있었어요.

❷ 절벽은 늑대가 내려가기에 [위험 | 안전] 해 보였어요.

❸ 늑대의 칭찬에 염소는 [들은 척 만 척 했어요 | 기뻐했어요].

3 늑대는 어떤 표정으로 말했을까요? (　　　)

사고력

염소 씨!
드디어 당신을
만났네요!

① 반가운 표정

② 무서운 표정

4 줄거리입니다. 빈칸에 들어갈 말을 골라 쓰세요.

내용 정리

> **보기**
>
> 풀   배고픈   칭찬   내려가기

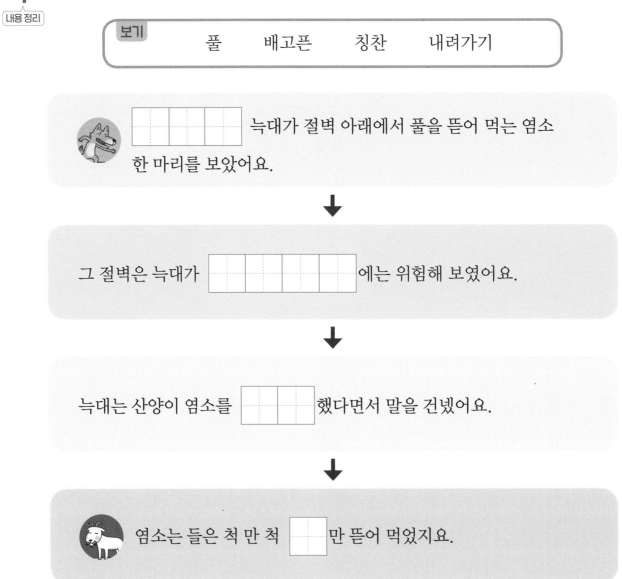

늘대가 절벽 아래에서 풀을 뜯어 먹는 염소 한 마리를 보았어요.

⬇

그 절벽은 늘대가 [　][　][　][　]에는 위험해 보였어요.

⬇

늘대는 산양이 염소를 [　][　]했다면서 말을 건넸어요.

⬇

염소는 들은 척 만 척 [　]만 뜯어 먹었지요.

5 파란색 글자를 바르게 고쳐 쓰세요.

맞춤법

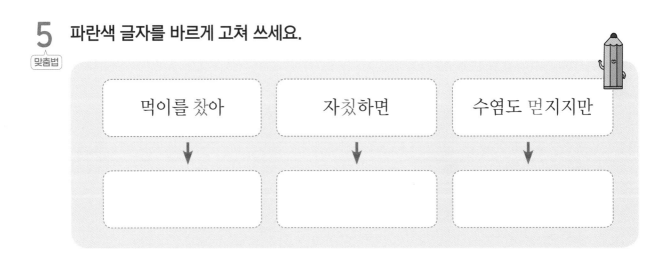

먹이를 찼아	자칫하면	수염도 먼지지만
⬇	⬇	⬇

14

🔊 **다음 글을 소리 내어 읽어 보세요.**

늑대는 계속해서 염소에게 말을 걸었어요.

"염소 씨! 잠깐만 절벽 위로 올라와 주실 수 있나요?"

염소는 귀찮다는 듯 말했어요.

"제가 왜 그래야 하죠?"

늑대는 보란 듯이 풀을 질겅질겅 씹으며 염소에게 말했어요.

"여기 풀이 아주 싱싱해요. 우리 함께 풀도 씹고 우정을 쌓아요."

사실 늑대는 풀을 먹지 않지만 억지로 행복한 표정을 지었지요.

염소는 고개를 가로저으며 거절했어요.

"늑대 씨, 미안해요. 저는 거기로 올라가지 않을 거예요."

"아니, 왜요? 이 풀이 얼마나 맛있는데요. 무엇보다 저는 당신과 진정한 친구가 되고 싶어요."

늑대는 풀을 뱉고 싶은 걸 겨우 참으며 말했어요. 그러자 염소는 절벽 아래로 조금 더 내려가며 대답했지요.

"늑대 씨! 그깟 풀 때문에 목숨을 잃을 수는 없잖아요."

꾀가 들통난 걸 안 늑대는 풀을 뱉고 발걸음을 돌렸답니다.

1 빈칸에 알맞은 말을 넣어 설명을 완성하세요.
어휘력

보기

부탁   질긴   친구

질겅질겅	⬚⬚	것을 자꾸 씹는 모양.
우정	⬚⬚	사이의 정, 사랑.
거절하다	상대편의 ⬚⬚ 등을 들어주지 않다.

2 ⬚ 안에 들어갈 내용으로 알맞은 것에 O표 하세요.
이해력

❶ 늑대는 보란 듯이 풀을 [씹으며 : 뱉으며] 염소에게 우정을 쌓자고 말했어요.

❷ 늑대는 풀을 씹으며 [진심으로 : 억지로] 행복한 표정을 지었어요.

❸ 염소는 풀 때문에 [목숨 : 우정]을 잃을 수는 없다고 했어요.

3 늑대는 풀을 씹으며 어떤 생각을 했을까요? (   )
사고력

① '풀이 싱싱하고 맛이 있구나!'

② '염소를 올라오게 하려면 조금만 참자.'

③ '맛있는 풀을 먹으니 행복하구나!'

16

4 줄거리입니다. 빈칸에 들어갈 말을 골라 쓰세요.

보기   들통   절벽   우정   친구

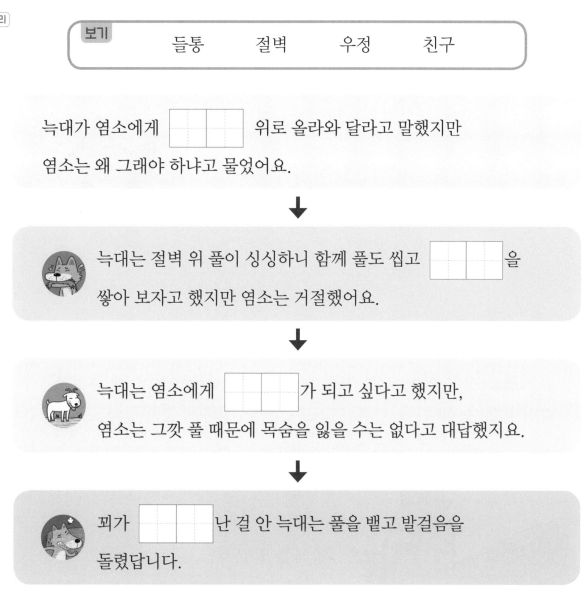

늑대가 염소에게 ☐☐ 위로 올라와 달라고 말했지만

염소는 왜 그래야 하냐고 물었어요.

늑대는 절벽 위 풀이 싱싱하니 함께 풀도 씹고 ☐☐ 을

쌓아 보자고 했지만 염소는 거절했어요.

늑대는 염소에게 ☐☐ 가 되고 싶다고 했지만,

염소는 그깟 풀 때문에 목숨을 잃을 수는 없다고 대답했지요.

꾀가 ☐☐ 난 걸 안 늑대는 풀을 뱉고 발걸음을

돌렸답니다.

5 파란색 글자를 바르게 고쳐 쓰세요.

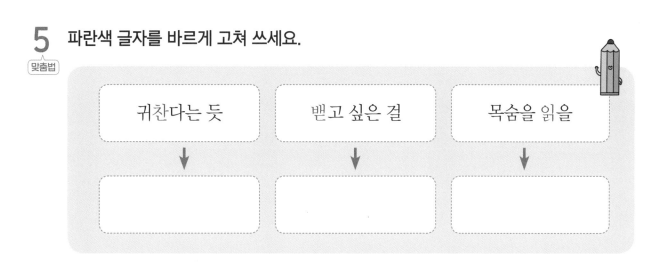

귀찬다는 듯 → ☐

뱉고 싶은 걸 → ☐

목숨을 읽을 → ☐

아기 생쥐와 고양이와 수탉 ①

🔊) 다음 글을 소리 내어 읽어 보세요.

아기 생쥐가 태어나서 처음으로 쥐구멍에서 나와 바깥 구경을 했어요.

잠시 뒤 한 동물이 살금살금 다가왔어요. 긴 수염에 줄무늬가 있는 그 동물은 활짝 웃으며 다정하게 말했지요.

"안녕? 우리 친구 할래?"

아기 생쥐는 그 동물이 마음에 들어 가까이 다가갔어요.

그때 갑자기 한 동물이 무서운 눈빛으로 푸드덕 날아와 그 앞을 가로막았어요. 놀란 아기 생쥐는 쥐구멍으로 잽싸게 도망쳤어요. 그러고는 숨을 할딱거리며 엄마 생쥐에게 말했어요.

"엄마! 엄마! 어떤 예쁜 동물이 친구 하자고 했는데요. 갑자기 다른 동물이 푸드덕 날아와서 저를 막았어요."

엄마 생쥐는 차분한 목소리로 물었어요.

"그래, 예쁜 동물이 어떻게 생겼든?"

"수염이 길고, 줄무늬가 있어요. 눈은 동그랗고요."

"그럼 푸드덕 날아온 동물은?"

"머리에 빨간 왕관을 썼어요. 다리는 두 개이고요."

아기 생쥐의 말을 들은 엄마 생쥐는 '후유' 하고 가슴을 쓸어내렸어요.

1
어휘력

빈칸에 알맞은 말을 넣어 설명을 완성하세요.

보기
> 걱정   숨   빠르다

잽싸다	움직임이 매우 ☐☐☐.
할딱거리다	☐을 급하게 쉬는 소리를 자꾸 내다.
가슴을 쓸어내리다	☐☐이 해결되어 마음을 놓다.

2
이해력

☐ 안에 들어갈 내용으로 알맞은 것에 O표 하세요.

❶ 아기 생쥐는 태어나서 [처음으로 | 마지막으로] 쥐구멍에서 나왔어요.

❷ 아기 생쥐에게 다가온 동물은 [다정하게 | 사납게] 말했어요.

❸ 아기 생쥐 앞을 가로막은 동물은 [친절한 | 무서운] 눈빛이었어요.

3
사고력

엄마 생쥐는 가슴을 쓸어내리며 어떤 생각을 했을까요? (   )

① '우리 아기가 친구를 사귀었구나!'

② '우리 아기가 겨우 살았구나!'

③ '나도 바깥 구경을 하고 싶다.'

4 줄거리입니다. 빈칸에 들어갈 말을 골라 쓰세요.

내용 정리

> 보기
>
> 줄무늬   가슴   쥐구멍   푸드덕

아기 생쥐가 처음으로 바깥 구경을 하고 있는데, 긴 수염에 ⬜⬜⬜ 가 있는 동물이 다가와 친구 하자고 말했어요.

⬇

아기 생쥐가 그 동물에게 다가가자 갑자기 한 동물이 ⬜⬜⬜ 날아와 앞을 가로막았어요.

⬇

놀란 아기 생쥐는 ⬜⬜⬜ 으로 잽싸게 도망쳤고, 엄마 생쥐에게 있었던 일을 말했어요.

⬇

엄마 생쥐는 그 동물들이 어떻게 생겼는지 물어보았어요. 아기 생쥐의 말을 들은 엄마 생쥐는 ⬜⬜ 을 쓸어내렸어요.

5 파란색 글자를 바르게 고쳐 쓰세요.

맞춤법

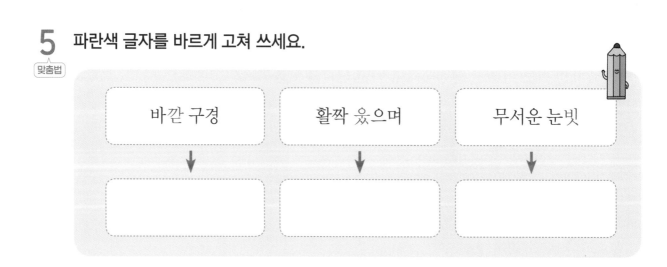

바깥 구경	활짝 웄으며	무서운 눈빗
⬇	⬇	⬇

20

아기 생쥐와 고양이와 수탉 ②

🔊)) 다음 글을 소리 내어 읽어 보세요.

엄마 생쥐가 안심하는 표정을 지으며 그림 두 장을 아기 생쥐에게 보여 주었어요.

"이 둘 중에서 너를 노려본 동물을 짚어 보렴."

아기 생쥐는 수탉을 가리켰어요.

"이것은 수탉이라는 동물이야. 겉모습은 무섭지만, 우리를 잡아먹지 않는단다."

"그럼 이 예쁜 동물은요?"

아기 생쥐는 고양이를 가리키며 물었어요.

"이것은 고양이라는 동물이야. 겉모습은 예쁘지만 절대 우리와 친구가 될 수 없어. 왜냐하면 우리를 잡아먹거든."

"네? 그럼 제가 죽을 뻔했던 거예요?"

"그렇지. 고양이는 너를 잡아먹으려고 다정했던 거야. 수탉은 너를 구해 준 거고. 그러니 앞으로는 외모만 보고 친구인지 적인지 판단하면 안 된단다. 알겠지?"

아기 생쥐는 알았다는 듯이 고개를 끄덕였어요.

1 빈칸에 알맞은 말을 넣어 설명을 완성하세요.

어휘력

보기
손가락   구별하다   겉

가리키다	☐☐☐ 으로 어떤 것을 집다.
외모	☐ 으로 드러나는 모습.
판단하다	이쪽인지, 저쪽인지 ☐☐☐☐☐ .

2 ☐ 안에 들어갈 내용으로 알맞은 것에 O표 하세요.

이해력

❶ 엄마 생쥐는 그림 [두 | 세] 장을 아기 생쥐에게 보여 주었어요.

❷ 아기 생쥐가 가리킨 예쁜 동물은 [수탉이었어요 | 고양이였어요].

❸ 아기 생쥐는 수탉이 자신을 [공격한 | 구해 준] 것을 알게 되었어요.

3 마지막에 아기 생쥐는 어떤 생각을 했을까요? (   )

사고력

① '외모만 보고 적인지 친구인지 판단해서는
   안 되겠어!'

② '나를 노려본 동물을 피해야겠어!'

③ '예쁜 동물과 친구해야겠어!'

4 줄거리입니다. 빈칸에 들어갈 말을 골라 쓰세요.

내용정리

> **보기** 친구 그림 수탉 고양이

엄마 생쥐는 [ ][ ] 두 장을 아기 생쥐에게 보여 주었어요.

↓

엄마 생쥐는 아기 생쥐를 노려본 동물은 [ ][ ]인데 겉모습은 무섭지만 쥐를 잡아먹지 않는다고 말해 주었어요.

↓

엄마 생쥐는 겉모습이 예쁜 동물은 [ ][ ][ ]인데 쥐를 잡아먹는다고 말했어요.

↓

엄마 생쥐는 외모만 보고 [ ][ ]인지 적인지 판단해서는 안 된다고 했고, 아기 생쥐는 고개를 끄덕였어요.

5 파란색 글자를 바르게 고쳐 쓰세요.

맞춤법

수탉	것모습	압으로는
↓	↓	↓

23

이솝 우화

황금 알을 낳는 거위 ①

🔊) 다음 글을 소리 내어 읽어 보세요.

어느 마을에 늙은 부부가 오순도순 살고 있었어요.

어느 날 두 사람이 밭일을 마치고 집으로 돌아왔는데, 처음 보는 거위 한 마리가 앞마당을 뒤뚱뒤뚱 거닐고 있었어요.

두 사람은 동네방네 다니며 거위의 주인을 찾았어요. 그러나 거위의 주인은 나타나지 않았어요. 할머니는 거위에게 모이를 주었어요. 할아 버지는 외양간 한쪽에 보금자리를 만들어 주었고요. 그렇게 거위는 늙 은 부부의 집에서 함께 살게 되었답니다.

열흘째 되던 날 거위가 알 하나를 낳았어요. 그런데 거위알을 본 부부 는 놀라 자빠질 뻔했어요. 평범한 거위알이 아니고 번쩍번쩍 황금 알이 었기 때문이에요.

할머니는 믿을 수 없어 눈을 비볐어요.

"어머나, 이게 뭐야?"

할아버지는 볼을 꼬집었어요.

"이게 꿈인가, 생시인가?"

아무리 봐도 진짜 황금 알이었지요. 두 사람은 덩실덩실 춤을 추었어요.

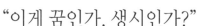

1 빈칸에 알맞은 말을 넣어 설명을 완성하세요.

어휘력

보기

뒤   알   정답게

| 오순도순 | | | | 지내는 모양. |

| 보금자리 | 새가 | | 을 낳거나 사는 곳. |

| 자빠지다 | | 로 또는 옆으로 넘어지다. |

2 안에 들어갈 내용으로 알맞은 것에 O표 하세요.

이해력

❶ 늙은 부부가 집으로 돌아왔을 때 [거위 | 오리] 한 마리가 앞마당을 거닐고 있었어요.

❷ 할아버지는 거위에게 [모이 | 보금자리] 를 만들어 주었어요.

❸ 열흘째 되던 날 거위는 [평범한 알 | 황금 알] 을 낳았어요.

3 할아버지는 볼을 꼬집으며 어떤 표정으로 말했을까요? (   )

사고력

① 믿을 수 없다는 표정

② 외로운 표정

줄거리입니다. 빈칸에 들어갈 말을 골라 쓰세요.

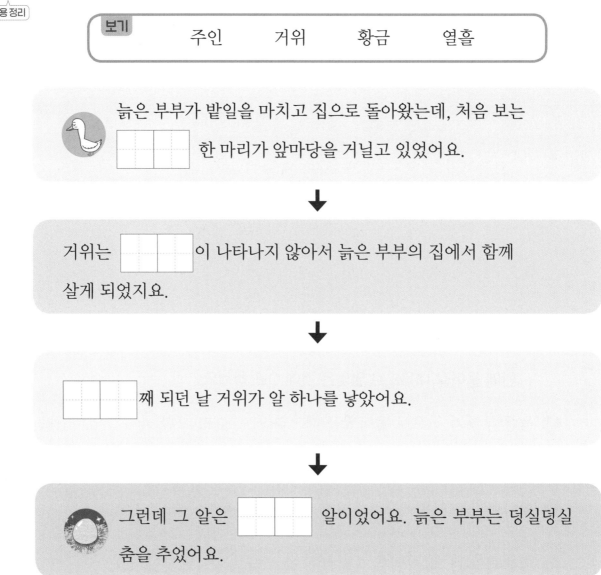

보기   주인   거위   황금   열흘

늙은 부부가 밭일을 마치고 집으로 돌아왔는데, 처음 보는 ☐☐ 한 마리가 앞마당을 거닐고 있었어요.

거위는 ☐☐ 이 나타나지 않아서 늙은 부부의 집에서 함께 살게 되었지요.

☐☐째 되던 날 거위가 알 하나를 낳았어요.

그런데 그 알은 ☐☐ 알이었어요. 늙은 부부는 덩실덩실 춤을 추었어요.

5

맞춤법

파란색 글자를 바르게 고쳐 쓰세요.

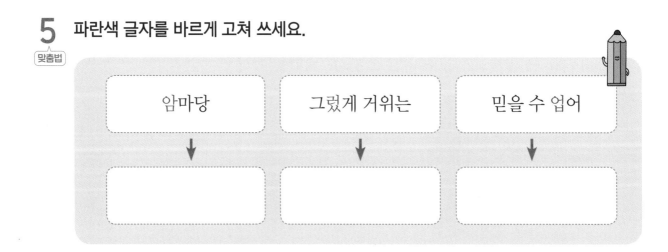

암마당	그렇게 거위는	믿을 수 업어
↓	↓	↓

바빠 독해 06 황금 알을 낳는 거위 ②

🔊 다음 글을 소리 내어 읽어 보세요.

거위는 매일 황금 알을 하나씩 낳았어요. 늙은 부부는 황금 알을 팔아 마을에서 제일가는 부자가 되었어요.

그러던 어느 날 할아버지는 아쉬운 듯 말했어요.

"할멈, 황금을 한꺼번에 몽땅 얻을 방법은 없을까요?"

할아버지 말을 듣고 골똘히 생각하던 할머니가 말했어요.

"영감, 거위 배 속에 황금 덩어리가 있을 거예요. 그러니 매일 황금 알을 낳지요. 거위의 배를 갈라서 몽땅 꺼냅시다."

할아버지도 그 말에 맞장구치며 할머니를 칭찬했어요.

"그럽시다. 역시, 할멈은 천재요!"

할아버지는 거위를 잡아와 두 손으로 꽉 붙잡았어요.

거위는 꽥꽥거리며 발버둥을 쳤지만, 할머니는 거위의 배를 갈랐어요.

그런데 거위의 배 속을 본 두 사람은 곧 울상이 되었어요. 거위의 배 속에는 황금 덩어리는커녕 똥 덩어리만 가득했기 때문이지요.

"에구머니, 이게 뭐야?"

두 사람은 때늦은 후회를 했답니다.

1 빈칸에 알맞은 말을 넣어 설명을 완성하세요.

보기
울려고   정신   찬성

골똘히	한 가지 일에 온 [ ][ ] 을 모아서.
맞장구치다	남의 말에 [ ][ ] 하다.
울상	[ ][ ][ ] 하는 표정.

2 [   ] 안에 들어갈 내용으로 알맞은 것에 O표 하세요.

❶ 거위는 매일 황금 알을 [열 개씩 | 하나씩] 낳았어요.

❷ 할아버지는 황금을 [한꺼번에 | 조금씩] 얻으려고 했어요.

❸ 두 사람은 거위의 배 속에 [황금 | 똥] 덩어리가 있다고 생각했어요.

3 두 사람은 어떤 표정으로 말했을까요? (   )

에구머니,
이게 뭐야?

① 실망한 표정

② 부끄러운 표정

4 줄거리입니다. 빈칸에 들어갈 말을 골라 쓰세요.

내용 정리

> **보기**
>
> 후회   부자   몽땅   할머니

늙은 부부는 황금 알을 팔아 마을에서 제일가는 ☐☐ 가 되었어요.

↓

어느 날 할아버지는 황금을 한꺼번에 ☐☐ 얻을
방법은 없을지 할머니에게 물었어요.

↓

☐☐☐ 는 거위의 배 속에 황금 덩어리가 있을
거라면서 배를 갈라 꺼내자고 했어요.

↓

늙은 부부는 거위의 배를 갈랐지만 황금 덩어리는 없었어요.
두 사람은 때늦은 ☐☐ 를 했답니다.

5 파란색 글자를 바르게 고쳐 쓰세요.

맞춤법

알을 나지요	맏장구치며	때늦은
↓	↓	↓

이솝 우화

쫓겨난 박쥐 ①

🔊 다음 글을 소리 내어 읽어 보세요.

초원에 두 왕국이 있었어요. 길짐승 왕국은 사자가 왕이었고, 날짐승 왕국은 독수리가 왕이었어요.

어느 날 독수리가 사자의 사냥감을 가로챘어요. 화가 난 사자는 길짐승을 모두 불러 모아 명령했지요.

"전쟁이다! 버릇없는 새들을 혼내 주자!"

길짐승들은 우르르 몰려가 새들을 공격했어요. 갑작스러운 공격에 가까스로 목숨을 건진 새들은 절벽 위로 피신했어요. 그 모습을 본 박쥐는 날개 때문에 길짐승의 공격을 받을까 봐 걱정됐어요. 그래서 날개를 접고 사자 앞으로 걸어가 엎드렸어요.

"저는 쥐의 친척입니다. 대왕님의 백성이니 살려 주십시오!"

며칠 뒤 독수리가 새들에게 명령했어요.

"비겁하게 갑자기 공격한 길짐승들을 혼내 주자!"

새들은 일제히 날아올라 날카로운 부리와 발톱으로 길짐승들을 공격했어요.

날짐승의 공격을 받을까 봐 걱정된 박쥐는 접었던 날개를 활짝 펴고는 독수리에게 날아가 빌었어요.

"저도 날개가 있습니다. 대왕님의 백성이니 살려 주십시오!"

1 빈칸에 알맞은 말을 넣어 설명을 완성하세요.

어휘력

보기

피해   날아   기어

길짐승	사자처럼 땅을 [　][　] 다니는 짐승.
날짐승	독수리처럼 하늘을 [　][　] 다니는 짐승.
피신하다	위험을 [　][　] 몸을 숨기다.

2 [　] 안에 들어갈 내용으로 알맞은 것에 O표 하세요.

이해력

① 길짐승 왕국의 왕은 | 사자 ┊ 독수리 | 였어요.

② 박쥐는 | 발톱 ┊ 날개 | 때문에 길짐승의 공격을 받을까 봐 걱정됐어요.

③ 박쥐는 날개를 활짝 펴고 | 사자 ┊ 독수리 | 에게 날아가 빌었어요.

3 박쥐는 어떤 목소리로 말했을까요? (　　　)

사고력

저는 쥐의
친척입니다.
대왕님의 백성이니
살려 주십시오!

① 간절한 목소리

② 명랑한 목소리

4 줄거리입니다. 빈칸에 들어갈 말을 골라 쓰세요.

내용 정리

> **보기**
>
> 전쟁   박쥐   공격   초원

☐☐ 에 사자가 왕인 길짐승 왕국과 독수리가 왕인 날짐승 왕국이 있었어요.

↓

사자의 사냥감을 독수리가 가로챈 일로 ☐☐ 이 시작되었고, 길짐승이 먼저 날짐승을 공격했어요.

↓

날개 때문에 길짐승의 공격을 받을까 봐 걱정된 ☐☐ 는 사자에게 걸어가 자기도 길짐승 왕국의 백성이라고 했어요.

↓

며칠 뒤 새들이 ☐☐ 을 시작했어요. 그러자 박쥐는 날개를 활짝 펴고 자기도 날짐승 왕국의 백성이라고 했어요.

5 파란색 글자를 바르게 고쳐 쓰세요.

맞춤법

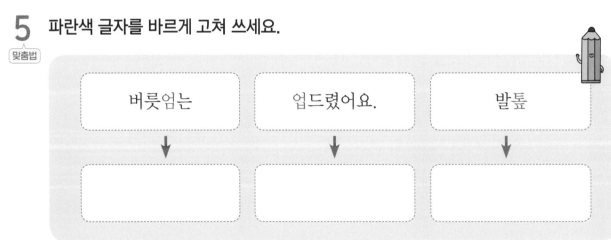

버릇엄는	업드렸어요.	발톱
↓	↓	↓

쫓겨난 박쥐 ②

🔊 다음 글을 소리 내어 읽어 보세요.

길짐승과 날짐승이 서로를 공격하는 나날이 계속되었어요. 박쥐는 그때마다 왔다 갔다 하며 이기는 편에 들러붙었지요.

그러던 어느 날 독수리가 사자에게 화해를 청했어요.

"사자 대왕, 우리 그만 전쟁을 멈춥시다. 대왕의 사냥감을 낚아챈 내가 잘못했소."

싸움에 지친 사자는 독수리의 사과를 받아 주었어요.

사자 대왕과 독수리 대왕은 초원의 동물들을 한곳으로 불러 모아 평화를 선언했어요. 그리고 축하 잔치를 열었지요.

그때 사자 대왕이 박쥐를 보고 무언가 생각난 듯 말했어요.

"자네는 쥐의 친척이 아닌가? 그럼 우리 길짐승 쪽에 앉아야지."

그러자 독수리 대왕도 박쥐에게 말했어요.

"자네는 날개가 있지 않나? 그럼 우리 날짐승 쪽에 앉아야지."

그제야 박쥐가 왔다 갔다 이기는 편에 들러붙은 것이 발각되었어요.

결국 박쥐는 초원에서 쫓겨나 동굴에 살게 되었답니다. 길짐승 눈에도, 날짐승 눈에도 띄지 않도록 꼭꼭 숨어야 했거든요.

1 빈칸에 알맞은 말을 넣어 설명을 완성하세요.

어휘력

> 숨기던   알림   싸움   보기

화해	☐☐ 을 멈추고 평화롭게 지내는 것.
선언	약속한 것을 모두가 알 수 있게 널리 ☐☐.
발각되다	☐☐☐ 것이 드러나다.

2 ☐ 안에 들어갈 내용으로 알맞은 것에 O표 하세요.

이해력

❶ 　독수리 ┊ 사자 　가 먼저 화해를 청했어요.

❷ 사자 대왕은 박쥐에게 　날짐승 ┊ 길짐승 　쪽에 앉으라고 말했어요.

❸ 결국 박쥐는 　초원 ┊ 동굴 　에서 살게 되었어요.

3 '박쥐 같다'는 뜻을 바르게 설명한 친구는 누구인가요? (　)

사고력

① '진 편을 챙겨 주는 마음 착한 사람'이라는 뜻이야.

바쁘냥

② '왔다 갔다 이긴 편에 들러붙는 사람'이라는 뜻이야.

바빠독

4 줄거리입니다. 빈칸에 들어갈 말을 골라 쓰세요.

내용 정리

> 보기
>
> 날짐승   평화   이기는   잔치

길짐승과 날짐승이 서로 공격하는 나날이 계속되는 동안 박쥐는

　　　　　 편에 왔다 갔다 들러붙었지요.

↓

그러던 어느 날 독수리가 사냥감을 낚아챈 걸 사과했어요.

두 대왕은 전쟁을 멈추고 　　　 를 선언했어요.

↓

축하 　　　 자리에서 그동안 박쥐가 왔다 갔다 이기는 편에

들러붙은 것이 발각되었어요.

↓

결국 박쥐는 초원에서 쫓겨나 길짐승과 　　　　　

눈에 띄지 않도록 동굴에 숨어 살게 되었답니다.

5 파란색 글자를 바르게 고쳐 쓰세요.

맞춤법

왔다 갓다	사냥감을 낙아챈	초원에서 쫓겨나
↓	↓	↓

1 이야기 제목과 배울 점을 연결하세요.

| 늑대와 염소 | | 가진 것보다 더 가지려고 욕심 부리면 후회한다. |

| 아기 생쥐와 고양이와 수탉 | | 왔다 갔다 이기는 편에 들러붙으면 결국 쫓겨난다. |

| 황금 알을 낳는 거위 | | 겉모습만 보고 친구인지 적인지 판단해서는 안 된다. |

| 쫓겨난 박쥐 | | 상대의 거짓 칭찬에 넘어가서는 안 된다. |

2 〈보기〉의 말을 낱말 판에서 찾아 묶어 보세요.

보기   눈초리   질겅질겅   우정   오순도순   화해

경	표	켤	춉	뜻	류	질
눈	초	리	답	우	튠	겅
뿐	뿡	료	깡	정	츄	질
오	순	도	순	굣	협	겅
쮠	펩	넹	샘	화	해	캡

과학 상식

1~2학년 때 배우는 '봄, 여름, 가을, 겨울' 교과와 3학년부터 배우는 '과학' 교과는 우리가 살면서 알아야 할 자연과 다양한 과학 지식을 다루어요. 그래서 둘째 마당에는 자연의 이치를 깨닫고, 다양한 동식물에 대한 호기심을 지식으로 채워 주는 글감을 담았어요. 둘째 마당을 통해 독해력도 쑥쑥 기르고 과학 상식도 차곡차곡 쌓아 보세요.

공부할 내용!

		공부한 날짜
09	주사위 모양의 똥이 있다고?	월 일
10	둥둥 떠서 잠을 잔다고?	월 일
11	공룡이 새끼를 돌봤다고?	월 일
12	고구마가 뿌리라고?	월 일
13	주머니 달린 상어가 있다고?	월 일
14	키위가 새 이름이라고?	월 일
15	거북을 닮은 개구리가 있다고?	월 일
16	무늬로 범인을 잡는다고?	월 일

주사위 모양의 똥이 있다고?

🔊 다음 글을 소리 내어 읽어 보세요.

오소리와 비슷하게 생긴 웜뱃이라는 동물은 주사위 모양의 초콜릿색 똥을 하루에 100개쯤 눈대요. 웜뱃이 주사위 모양 똥을 누는 이유는 무엇일까요?

우리가 먹은 음식은 위에서 죽처럼 된 뒤 작은창자로 가요. 작은창자에서 영양분이 흡수되고 큰창자에서 물이 흡수된 뒤 나머지가 똥으로 나와요. 그런데 웜뱃의 큰창자는 특이해요. 다른 동물과 달리 큰창자에 뻣뻣한 근육이 있어서 똥을 모나게 만들어요. 그래서 주사위 모양이 만들어지는 거래요.

웜뱃은 똥으로 자기 영역을 표시해요. 웜뱃의 똥은 주사위 모양이어서 굴러가지 않고 그 자리에 있으니까요. 귀여우면서도 쓸모 있는 똥이지요?

내 똥은 주사위 모양이야!

◀ 웜뱃

1 빈칸에 알맞은 말을 넣어 설명을 완성하세요.

어휘력

보기

모서리   땅   안

흡수	밖에 있는 것을 □□ 으로 빨아들임.
모나다	모양이 둥글지 않고 □□□ 가 있다.
영역	한 동물이 활동하는 일정한 □□.

2 □ 안에 들어갈 내용으로 알맞은 것에 O표 하세요.

이해력

❶ 웜뱃은 | 주사위 : 공 | 모양의 초콜릿색 똥을 누어요.

❷ 우리가 먹은 음식은 | 위 : 큰창자 | 에서 물이 흡수된 뒤 똥으로 나와요.

❸ 웜뱃의 큰창자는 뻣뻣한 근육이 있어서 똥을 | 모나게 : 둥글게 | 만들어요.

3 풀밭에서 주사위 모양 똥을 본다면 어떤 생각을 할까요? (   )

사고력

① '웜뱃이 근처에 사는구나!'

② '주사위 모양이어서 잘 굴러가겠네!'

③ '이 똥을 싼 동물은 초콜릿을 먹었구나!'

4 줄거리입니다. 빈칸에 들어갈 말을 골라 쓰세요.

내용 정리

보기   뻣뻣한   웜뱃   영역   큰창자

은 주사위 모양의 초콜릿색 똥을 누어요.

⬇

우리가 먹은 음식은 위와 작은창자를 거쳐 □□□에서 물이 흡수된 뒤 나머지는 똥으로 나와요.

⬇

그런데 웜뱃의 큰창자에는 □□□ 근육이 있어서 똥을 모나게 만들어 주사위 모양이 되는 거예요.

⬇

웜뱃은 똥으로 자기 □□을 표시해요. 주사위 모양이어서 굴러가지 않고 그 자리에 있으니까요.

5 밑줄 친 부분을 바르게 띄어 쓰세요.

맞춤법

> 읽을 때는 한 덩어리로 읽더라도, 실제로는 두 낱말이어서 쓸 때는 띄어 써야 해요.

☆ 먹은음식 → □□ V □□□

☆ 쓸모있는 → □□ V □□□

10 둥둥 떠서 잠을 잔다고?

🔊 다음 글을 소리 내어 읽어 보세요.

우주 정거장에 사는 사람을 '우주인'이라고 해요. 우주인은 걷지 않고 둥둥 떠다니는데 잠도 허공에서 잔대요. 우주인처럼 허공에 둥둥 떠서 잠을 자면 어떤 기분일까요?

우리가 바닥에 누워 잘 수 있는 것은 중력 때문이에요. 중력은 지구가 물체를 지구 중심으로 끌어당기는 힘을 말해요.

그런데 우주 정거장에는 중력이 거의 없어요. 그래서 어디가 천장이고 바닥인지 구분되지 않아요. 침대를 놓거나 이불을 펼 수도 없으니, 우주인은 잘 때 침낭을 사용해요.

우주 정거장에서는 잠결에 손으로 벽을 툭 치기만 해도 몸이 반대편으로 튕겨 나가요. 그래서 우주인은 침낭을 천장이나 벽에 단단히 고정하고 그 안으로 들어가서 잔답니다.

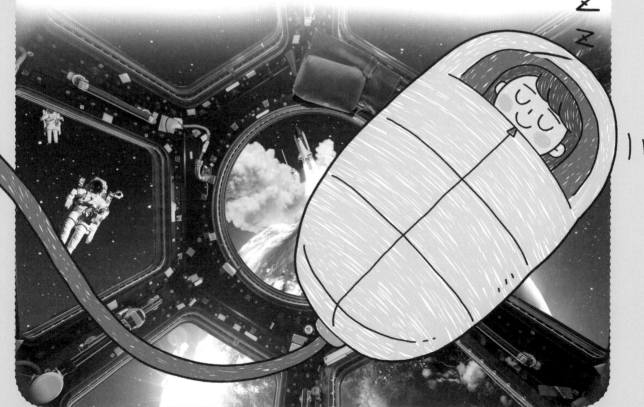

1 빈칸에 알맞은 말을 넣어 설명을 완성하세요.

어휘력

보기

자루	우주	잠

우주 정거장	⬚⬚ 에서 사람이 머물 수 있도록 만든 곳.
침낭	겹으로 된 천 사이에 솜이나 깃털을 넣고 ⬚⬚ 모양으로 만든 이부자리.
잠결	⬚ 을 자는 도중.

2 ⬚ 안에 들어갈 내용으로 알맞은 것에 O표 하세요.

이해력

❶ 우주 정거장에서 사는 사람들을 ' 우주인 | 지구인 '이라고 해요.

❷ 중력은 지구가 물체를 지구 밖 | 중심 으로 끌어당기는 힘이에요.

❸ 우주 정거장에서는 이불을 펼 수 없어요 | 있어요 .

3 뒤에 이어질 내용으로 알맞은 것은 무엇인가요? (   )

사고력

우주 정거장에서 잠결에
손으로 벽을 툭 쳐도
몸이 튕겨 나가지 않으려면

① 바닥에 누워서 자야 해요.

② 침낭을 벽에 고정하고 자야 해요.

4 줄거리입니다. 빈칸에 들어갈 말을 골라 쓰세요.

보기   고정   중력   중심   우주인

우주 정거장에서 사는 [ ][ ][ ]은 허공에 둥둥 떠서 잠을 자요.

↓

우리가 바닥에 누워 잘 수 있는 것은 지구가 물체를 지구

[ ][ ]으로 끌어당기는 중력 때문이에요.

↓

그런데 우주 정거장에는 [ ][ ]이 거의 없어서 천장과

바닥이 구분되지 않아 침대나 이불을 사용할 수 없어요.

↓

우주인은 침낭을 벽에 [ ][ ]하고 그 안으로 들어가서

잔답니다.

5 밑줄 친 부분을 바르게 띄어 쓰세요.

읽을 때는 한 덩어리로 읽더라도, 실제로는 두 낱말이어서 쓸 때는 띄어 써야 해요.

☆ 둥둥떠서 →

☆ 단단히고정하고 →

과학 상식

공룡이 새끼를 돌봤다고?

🔊 다음 글을 소리 내어 읽어 보세요.

공룡은 자기 새끼를 돌봤을까요? 사람들은 사나운 공룡이 그럴 리 없다고 생각했어요. 어느 고생물학자가 새로운 화석을 발견하기 전까지는요.

고생물학자인 호너 박사는 어떤 공룡의 화석을 발견했는데, 주변에 새끼 공룡들과 알 무더기가 함께 있었어요.

▲ 마이아사우라 알과 새끼

발견된 새끼 공룡들은 크기가 다양했어요. 어미가 알에서 부화한 새끼들을 어느 정도 자랄 때까지 양육했다는 뜻이지요.

고생물학자들은 이 공룡에게 '마이아사우라'라는 이름을 붙였는데, 이는 '보살피는 어미 도마뱀'이라는 뜻이래요. 마이아사우라처럼 자식을 사랑하는 공룡이 있었던 거지요.

◀ 마이아사우라

1 빈칸에 알맞은 말을 넣어 설명을 완성하세요.

어휘력

보기
껍데기 화석 보살펴서

고생물학자	☐☐ 으로 옛날 생물의 모습과 생활을 연구하는 학자.
부화	알 속에서 새끼가 ☐☐☐ 를 깨고 밖으로 나옴.
양육	아이를 ☐☐☐☐ 자라게 함.

2 ☐ 안에 들어갈 내용으로 알맞은 것에 O표 하세요.

이해력

❶ 곤충학자 | 고생물학자 인 호너 박사는 공룡의 화석을 발견했어요.

❷ 호너 박사가 발견한 공룡의 화석 주변에는 알 | 똥 무더기도 있었어요.

❸ 마이아사우라는 ' 사나운 | 보살피는 어미 도마뱀'이라는 뜻이에요.

3 앞에 올 내용으로 알맞은 것은 무엇인가요? ( )

사고력

① 주변에 알 무더기가 있는 걸 보니

② 새끼 공룡들의 크기가 다양한 걸 보니

어미 마이아사우라는 알에서 부화한 새끼들을 어느 정도 자랄 때까지 보살폈을 거예요.

4 줄거리입니다. 빈칸에 들어갈 말을 골라 쓰세요.

내용 정리

> **보기**
>
> 도마뱀   어미   호너   화석

사람들은 고생물학자가 새로운 [ ][ ]을 발견하기

전까지는 공룡이 새끼를 돌보지 않았을 거라고 생각했어요.

⬇

고생물학자 [ ][ ] 박사는 새끼 공룡들과 알 무더기가 함께 있는

어떤 공룡의 화석을 발견했어요.

⬇

새끼 공룡들의 크기가 다양한 것은 [ ][ ]가 알에서

부화한 새끼들을 어느 정도 자랄 때까지 양육했다는 뜻이에요.

⬇

'보살피는 어미 [ ][ ][ ]'을 뜻하는 마이아사우라처럼

자식을 사랑한 공룡이 있었던 거지요.

5 밑줄 친 부분을 바르게 띄어 쓰세요.

맞춤법

> 읽을 때는 한 덩어리로 읽더라도, 실제로는
> 두 낱말이어서 쓸 때는 띄어 써야 해요.

☆ 사나운공룡 ➔ [ ][ ][ ][ ] V [ ][ ][ ]

☆ 새로운화석 ➔ [ ][ ][ ][ ] V [ ][ ][ ]

과학 상식

고구마가 뿌리라고?

🔊 다음 글을 소리 내어 읽어 보세요.

모든 식물에는 뿌리가 있어요. 뿌리는 식물이 쓰러지지 않게 붙들어 주지요. 식물이 자랄 수 있도록 흙 속의 물과 양분을 빨아들이는 일도 해요.

뿌리를 잘 살펴보면 굵은 뿌리에 실처럼 가느다란 뿌리털이 나 있어요. 뿌리털 덕분에 흙과 닿는 면적이 넓어져서 물과 양분을 더 많이 흡수할 수 있어요.

뿌리의 모습은 다양한데, 수염처럼 생긴 것도 있고 나뭇가지처럼 생긴 것도 있어요.

우리가 먹는 고구마도 뿌리예요. 뿌리에 영양분을 잔뜩 저장해서 굵어진 거지요. 이렇게 뿌리는 식물에도, 우리에게도 소중한 존재랍니다.

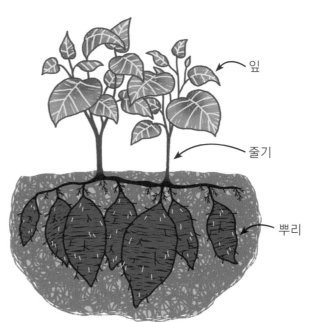

잎

줄기

뿌리

▲ 고구마 잎과 줄기

◀ 고구마

1 빈칸에 알맞은 말을 넣어 설명을 완성하세요.

어휘력

보기
넓이   영양   모아서

양분	생명에게 살아갈 힘을 주는 ⬚⬚이 되는 것.
면적	면이 차지하는 ⬚⬚.
저장	⬚⬚⬚ 가지고 있음.

2 ⬚ 안에 들어갈 내용으로 알맞은 것에 O표 하세요.

이해력

❶ 뿌리는 식물이 쓰러지지 않게 [붙들어 ┊ 흔들어] 주지요.

❷ 굵은 뿌리에 실처럼 [두꺼운 ┊ 가느다란] 뿌리털이 나 있어요.

❸ 우리가 먹는 고구마도 [뿌리 ┊ 줄기]예요.

3 뒤에 이어질 내용으로 알맞은 것은 무엇인가요? (   )

사고력

굵은 뿌리에
실처럼
가느다란 뿌리털이
나 있으면

① 물과 양분을 더 많이 흡수할 수 있다.

② 식물이 잘 쓰러진다.

4 줄거리입니다. 빈칸에 들어갈 말을 골라 쓰세요.

> **보기**　　　물　　　수염　　　고구마　　　뿌리털

뿌리는 식물이 쓰러지지 않게 붙들어 주고 흙 속의 ▢▢과 양분을 빨아들여요.

⬇

굵은 뿌리에서 난 가느다란 ▢▢▢▢ 덕분에 뿌리는 물과 양분을 더 많이 흡수할 수 있어요.

⬇

뿌리의 모습은 다양한데 ▢▢ 처럼 생긴 것도 있고, 나뭇가지처럼 생긴 것도 있어요.

⬇

▢▢▢▢도 뿌리인데 영양분을 잔뜩 저장해서 굵어진 것이지요. 이렇게 뿌리는 식물과 우리 모두에게 소중해요.

5 밑줄 친 부분을 바르게 띄어 쓰세요.

> 읽을 때는 한 덩어리로 읽더라도, 실제로는 두 낱말이어서 쓸 때는 띄어 써야 해요.

☆ 가느다란뿌리털 → ▢▢▢▢▢ V ▢▢▢▢▢

☆ 소중한존재 → ▢▢▢ V ▢▢▢

과학 상식

주머니 달린 상어가 있다고?

🔊)) 다음 글을 소리 내어 읽어 보세요.

나는 상어!

　여러분이 생각하는 상어는 어떤 모습인가요? 아마 크고 포악한 모습일 거예요.

　그런데 작고 귀여운 상어도 있답니다. 가장 최근에 발견된 상어는 캥거루처럼 몸에 주머니가 달려서 '주머니상어'라는 이름이 붙었어요.

　주머니상어는 아주 **희귀한** 상어예요. 지금까지 딱 두 번만 잡혔거든요. 처음 잡힌 것은 암컷인데 어른 팔뚝만 하고, 두 번째로 잡힌 것은 수컷인데 어른 손바닥만 해요.

　주머니상어는 아주 깊은 바다에서만 살며, 몸에서 스스로 빛을 내어 먹이를 유인한다고 해요. 정말 신기하지요?

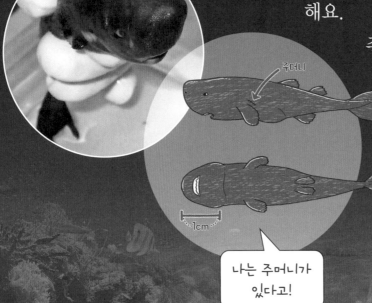

주머니

1cm

나는 주머니가 있다고!

1 빈칸에 알맞은 말을 넣어 설명을 완성하세요.

어휘력

보기

흔하지   끌어서   사납고

포악하다	☐☐☐	악하다.
희귀하다	☐☐☐	않아서 잘 볼 수 없고 귀하다.
유인하다	속이거나 관심을 ☐☐☐☐ 자기 쪽으로 오게 하다.	

2 ☐ 안에 들어갈 내용으로 알맞은 것에 O표 하세요.

이해력

❶ 주머니상어는 [캥거루 | 코끼리] 처럼 몸에 주머니가 달렸어요.

❷ 주머니상어는 아주 [희귀한 | 흔한] 상어예요.

❸ 주머니상어는 몸에서 [냄새를 풍겨서 | 빛을 내어] 먹이를 유인해요.

3 한 어린이가 쓴 편지의 빈칸에 알맞은 내용은 무엇인가요? (   )

사고력

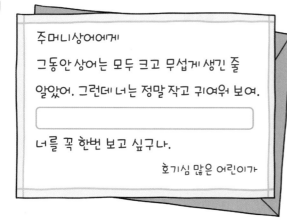

주머니상어에게

그동안 상어는 모두 크고 무섭게 생긴 줄 알았어. 그런데 너는 정말 작고 귀여워 보여.

☐

너를 꼭 한번 보고 싶구나.

호기심 많은 어린이가

① 너는 캥거루를 좋아한다며?

② 너는 몸에 주머니가 달려 있다며?

③ 너는 아주 얕은 바다에서 산다며?

4 줄거리입니다. 빈칸에 들어갈 말을 골라 쓰세요.

내용 정리

보기   수컷   빛   주머니   포악한

사람들이 생각하는 상어는 크고 ☐☐☐☐ 모습이에요.

↓

그런데 몸에 주머니가 달려서 ☐☐☐☐ 상어라는
이름이 붙은 작고 귀여운 상어가 있어요.

↓

지금까지 딱 두 번 잡혔는데, 처음 것은 어른 팔뚝만 한 암컷이고,
두 번째 것은 어른 손바닥만 한 ☐☐ 이에요.

↓

주머니상어는 깊은 바다에 살면서 스스로 ☐ 을 내어 먹이를
유인하는 신기한 상어예요.

5 밑줄 친 부분을 바르게 띄어 쓰세요.

맞춤법

읽을 때는 한 덩어리로 읽더라도, 실제로는
두 낱말이어서 쓸 때는 띄어 써야 해요.

☆ 포악한모습 → ☐☐☐☐☐ V ☐☐☐

☆ 희귀한상어 → ☐☐☐☐☐ V ☐☐☐

키위가 새 이름이라고?

🔊 다음 글을 소리 내어 읽어 보세요.

과일 키위는 살이 초록색이고 껍질은 갈색인데 털이 숭숭 나 있어요. 새콤달콤한 맛에 인기가 좋은 과일이에요.

그런데 키위는 원래 과일이 아닌 뉴질랜드 새 이름이에요. 몸은 갈색이고 거친 깃털로 덮여 있으며, '키위 키위' 하는 울음소리 때문에 '키위'라는 이름이 붙었지요.

그러면 키위가 어떻게 과일 이름이 된 걸까요? 뉴질랜드 농부들이 중국에서 '양도'라는 과일을 들여와 재배했어요. 그 과일이 키위 새랑 닮아서 뉴질랜드 농부들은 '키위'라고 불렀대요.

뉴질랜드 키위는 맛이 좋기로 유명해지면서 전 세계로 팔려 나갔어요. 그 뒤로 사람들이 그 과일을 '키위'라고 부르게 되었답니다.

▲ 키위 새

◀ 키위

1 빈칸에 알맞은 말을 넣어 설명을 완성하세요.

어휘력

보기

기르다   돋아난   단맛

숭숭	땀방울이나 털이 많이 ☐☐☐ 모양.
새콤달콤하다	신맛과 ☐☐ 이 함께 나서 입에 침이 고이다.
재배하다	식물을 심어 ☐☐☐.

2 ☐ 안에 들어갈 내용으로 알맞은 것에 O표 하세요.

이해력

❶ 과일 키위의 껍질은 [초록색 | 갈색] 인데 털이 숭숭 나 있어요.

❷ 키위는 [뉴질랜드 | 중국] 에 사는 새 이름이에요.

❸ 키위는 [거친 깃털 | 울음소리] 때문에 '키위'라는 이름이 붙었어요.

3 중국에서 들여온 '양도'를 처음 본 뉴질랜드 농부들은 어떤 생각을 했을까요?

사고력

(   )

① '쓴 맛이 날 것 같군.'

② '꼭 키위 새처럼 생겼군.'

③ '한국에서 들어온 과일이군.'

4 줄거리입니다. 빈칸에 들어갈 말을 골라 쓰세요.

내용 정리

> 보기   세계   갈색   중국   새

갈색 껍질에 털이 숭숭 나고 새콤달콤한 맛의 키위는 인기가 좋은 과일이에요. 그런데 키위는 원래 ☐ 이름이지요.

⬇

키위는 ☐☐ 몸과 거친 깃털을 가진 뉴질랜드 새인데, 울음소리 때문에 '키위'라는 이름이 붙었어요.

⬇

뉴질랜드 농부들은 ☐☐ 에서 들여온 과일이 키위 새랑 닮아서 '키위'라고 불렀대요.

⬇

뉴질랜드 키위가 유명해지면서 전 ☐☐ 로 팔려 나갔고, 그 뒤로 사람들이 그 과일을 '키위'라고 부르게 되었답니다.

5 밑줄 친 부분을 바르게 띄어 쓰세요.

맞춤법

> 읽을 때는 한 덩어리로 읽더라도, 실제로는 두 낱말이어서 쓸 때는 띄어 써야 해요.

☆ <u>새콤달콤한맛</u> → ☐☐☐☐☐☐ V ☐

☆ <u>거친깃털</u> → ☐☐ V ☐☐

과학 상식

거북을 닮은 개구리가 있다고?

🔊 다음 글을 소리 내어 읽어 보세요.

호주에는 거북개구리가 살고 있어요. 거북개구리는 거북이 아니라 개구리랍니다. 그런데 거북개구리는 우리가 흔히 보는 개구리와 다른 점이 많아요.

거북개구리는 등딱지 없는 거북처럼 생겼어요. 또 물속이 아니라 땅속에 알을 낳으며, 올챙이를 거치지 않고 알에서 바로 개구리가 된답니다.

▲ 거북개구리

거북개구리의 다리는 땅 파기 좋게 휘어져 있어요. 그 휘어진 다리로 흰개미 집을 헤집어서 흰개미를 날름날름 잡아먹지요.

거북개구리는 일생을 대부분 땅속 구멍에서 지내요. 비가 온 뒤 땅이 촉촉해지면 잠깐 바깥 구경을 하러 나오는 정말 특이한 개구리랍니다.

나는 거북이 아니야!

사는 곳: 호주 서부
생김새: 작은 머리, 짧은 팔다리, 둥근 몸통,
등딱지 없는 거북처럼 생김!

1 빈칸에 알맞은 말을 넣어 설명을 완성하세요.

어휘력

보기: 내밀었다   평범하지   뒤적이다

헤집다	긁어 파서 이리저리 ☐☐☐☐ .
날름날름	혀나 손을 빠르게 ☐☐☐☐ 들였다 하는 모양.
특이하다	☐☐☐☐ 않고 많이 다르다.

2 ☐ 안에 들어갈 내용으로 알맞은 것에 O표 하세요.

이해력

❶ 호주에 사는 거북개구리는 [개구리예요 | 거북이에요] .

❷ 거북개구리는 알을 [물속 | 땅속] 에 낳아요.

❸ 거북개구리의 다리는 [헤엄치기 | 땅 파기] 좋게 휘어져 있어요.

3 거북개구리가 우리가 흔히 보는 개구리와 다른 점 두 가지를 고르세요.

사고력

(,   )

① 알을 땅속에 낳아요.

② 새끼를 낳지 않고 알을 낳아요.

③ 올챙이를 거치지 않고 바로 개구리가 돼요.

4 줄거리입니다. 빈칸에 들어갈 말을 골라 쓰세요.

내용 정리

> **보기**　　　비　　　흰개미　　　호주　　　올챙이

　　　　☐☐ 에 사는 거북개구리는 우리가 흔히 보는

개구리와 다른 점이 많아요.

↓

등딱지 없는 거북처럼 생긴 거북개구리는 땅속에 알을 낳고,

☐☐☐ 를 거치지 않고 알에서 바로 개구리가 돼요.

↓

거북개구리는 땅 파기 좋게 휘어진 다리로 ☐☐☐ 를

잡아먹어요.

↓

거북개구리는 일생을 대부분 땅속 구멍에서 지내다가 ☐ 가

온 뒤 잠깐 바깥 구경을 하러 나오는 특이한 개구리예요.

5 밑줄 친 부분을 바르게 띄어 쓰세요.

맞춤법

> 읽을 때는 한 덩어리로 읽더라도, 실제로는
> 두 낱말이어서 쓸 때는 띄어 써야 해요.

☆ <u>휘어진다리</u> ➔ ☐☐☐☐ V ☐☐☐

☆ <u>특이한개구리</u> ➔ ☐☐☐ V ☐☐☐

무늬로 범인을 잡는다고?

🔊) 다음 글을 소리 내어 읽어 보세요.

손가락 끝의 안쪽을 한번 살펴보세요. 여러 개의 곡선으로 된 무늬가 보이지요? 이것을 '지문'이라고 해요.

지문에는 여러 모양이 있어요. 활처럼 부드럽게 굽은 모양, 말의 발톱인 말굽을 보호하려고 덧댄 편자처럼 한쪽이 튀어나온 모양, 나무의 나이테처럼 원이 점점 커지는 모양 따위가 있지요.

▲ 편자 모양

▲ 활 모양

지문은 엄마 배 속에 있을 때 만들어져 평생 변하지 않아요. 손끝에 상처가 나더라도 아물면 원래 지문이 다시 나오지요.

이 세상에 같은 지문을 가진 사람은 없어요. 그래서 사건 현장에서 얻은 지문은 범인을 찾는 데 중요한 단서가 돼요. 이렇게 지문은 우리 생활의 다양한 분야에서 활용되고 있답니다.

1 빈칸에 알맞은 말을 넣어 설명을 완성하세요.

어휘력

보기: 살갗   첫   나이

나이테	줄기를 자른 면에 보이는 둥근 테로 나무의 ⬚⬚를 알려 주는 부분.
아물다	상처가 나아서 ⬚⬚이 원래대로 붙다.
단서	어떤 문제를 해결하는 일의 ⬚ 부분.

2 ⬚ 안에 들어갈 내용으로 알맞은 것에 ○표 하세요.

이해력

❶ 지문은 손가락 끝의 안쪽에 있는 [직선 ┊ 곡선]으로 된 무늬예요.

❷ 지문은 평생 [변해요 ┊ 변하지 않아요].

❸ 이 세상에 같은 지문을 가진 사람은 [없어요 ┊ 많아요].

3 사건 현장에서 얻은 지문입니다. 범인은 누구일까요? (   )

사고력

① "내 지문은 나이테처럼 생겼어."

② "내 지문은 한쪽이 튀어나와 있어."

③ "내 지문은 활처럼 생겼어."

4 줄거리입니다. 빈칸에 들어갈 말을 골라 쓰세요.

내용 정리

| 보기 | 범인 | 배 | 안쪽 | 활 |

손가락 끝의 ☐☐ 에 여러 개의 곡선으로 된 무늬가
지문이에요.

⬇

지문은 ☐ 처럼 굽은 모양, 말발굽에 붙인 편자처럼
튀어나온 모양, 나이테처럼 생긴 모양 등이 있어요.

⬇

지문은 엄마 ☐ 속에 있을 때 만들어져 평생 변하지 않고,
손끝에 상처가 나도 아물면 원래 지문이 다시 나와요.

⬇

지문이 같은 사람은 없어서 사건의 ☐☐ 을 찾는 데도 중요한
단서가 돼요.

5 밑줄 친 부분을 바르게 띄어 쓰세요.

맞춤법

읽을 때는 한 덩어리로 읽더라도, 실제로는
두 낱말이어서 쓸 때는 띄어 써야 해요.

☆ <u>부드럽게굽은</u> ➜ ☐☐☐☐☐ V ☐☐

☆ <u>점점커지는</u> ➜ ☐☐ V ☐☐☐

1 이야기의 내용과 어울리는 문장끼리 알맞게 연결하세요.

호주의 웜뱃은	새끼를 돌본 공룡이에요.
마이아사우라는	알에서 바로 개구리가 돼요.
주머니상어는	주사위 모양의 똥을 싸요.
거북개구리는	몸에 주머니가 달려 있어요.

2 〈보기〉의 말을 낱말 판에서 찾아 묶어 보세요.

보기   영역   잠결   양육   희귀하다   단서

코	뿐	굿	단	서	혀	깨
송	희	갭	콘	읊	사	배
쥔	귀	요	영	역	뉴	양
춥	하	샀	교	혀	돗	육
컹	다	뜻	잠	결	풋	곳

전래 동화

전래 동화는 지은이 없이 입에서 입으로 전해져 내려온 이야기예요. 내용은 짧지만 등장인물의 행동을 시간과 장소의 이동에 따라 쉽게 이해할 수 있어서, 독해력을 기르는 데 도움이 돼요. 셋째 마당을 통해 우리 조상의 지혜도 배우고 읽기 실력도 한 단계 높여 보세요.

공부할 내용!		공부한 날짜	
17	빨강 부채, 파랑 부채 ①	월	일
18	빨강 부채, 파랑 부채 ②	월	일
19	동물들의 나이 자랑 ①	월	일
20	동물들의 나이 자랑 ②	월	일
21	요술 항아리 ①	월	일
22	요술 항아리 ②	월	일
23	소가 된 게으름뱅이 ①	월	일
24	소가 된 게으름뱅이 ②	월	일

전래 동화

빨강 부채, 파랑 부채 ①

🔊 다음 글을 소리 내어 읽어 보세요.

옛날 어느 마을에 노부부가 살았어요. 어느 날 산에서 나무를 하던 할아버지가 빨강 부채와 파랑 부채를 주워 집으로 가져왔어요.

할머니가 빨간 부채로 부채질을 하자, 할머니 코가 가래떡처럼 쭉쭉 늘어났어요. 놀란 할아버지가 얼떨결에 파란 부채로 부채질을 하자, 할머니 코는 원래대로 돌아왔어요. 요술 부채였던 거지요.

"할멈, 내가 할멈을 호강시켜 주겠소."

할아버지는 할머니에게 속닥속닥 귓속말을 했어요.

며칠 뒤 할아버지는 마을 최고 부자의 생일잔치에 갔어요.

"초대해 주어 감사하오. 허허, 날씨가 덥구려."

할아버지는 빨강 부채로 부자 얼굴에 슬쩍 부채질을 했어요. 잠시 후 부자의 코가 가래떡처럼 쭉쭉 늘어났지요.

"아이코, 내 코가 왜 이러나?"

그날로 부자는 그만 자리에 앓아누웠어요. 아무리 뛰어난 의사를 불러도 소용이 없자, 부자는 코를 고쳐 주는 사람에게 재산의 절반을 주겠다고 소문을 냈지요.

1

빈칸에 알맞은 말을 넣어 설명을 완성하세요.

보기

| 작은 | 부유하게 | 갑자기 |

얼떨결	⬚⬚⬚⬚, 정신이 없는 사이.
호강	편안하고 ⬚⬚⬚⬚ 사는 생활.
속닥속닥	남이 알아듣지 못하도록 ⬚⬚ 목소리로 이야기하는 모습 또는 소리.

2

안에 들어갈 내용으로 알맞은 것에 O표 하세요.

❶ 빨강 부채로 부채질을 하면 코가 [늘어났어요 | 줄어들었어요].

❷ 할아버지는 마을 최고 [가난뱅이 | 부자]의 생일잔치에 갔어요.

❸ 부자는 코를 고쳐 주는 사람에게 재산의 [절반을 | 모두를] 주겠다고 소문을 냈어요.

3

날씨가 덥다고 말하는 할아버지의 속마음은 무엇일까요? (   )

허허, 날씨가 덥구려.

① '이렇게 더운 날씨에 무슨 잔치를 한담?'

② '부자를 시원하게 해 주어야지.'

③ '곧 당신의 코가 쭉쭉 늘어날 거요.'

4 줄거리입니다. 빈칸에 들어갈 말을 골라 쓰세요.

내용 정리

> 보기   절반   요술   파랑   생일

옛날 어느 마을에 노부부가 살았는데, 할아버지가 빨강 부채와

□□ 부채를 주워 집으로 가져왔어요.

↓

빨강 부채는 코가 늘어나게 하고 파랑 부채는 코를 원래대로

돌아가게 하는 □□ 부채였지요.

↓

할아버지는 부자의 □□ 잔치에 가서 빨강 부채로 슬쩍

부채질해서 부자의 코를 쭉쭉 늘어나게 했어요.

↓

자리에 앓아누운 부자는 코를 고쳐 주는 사람에게 재산의

□□ 을 주겠다고 소문을 냈어요.

5 빈칸에 들어갈 말을 골라 쓰세요.

맞춤법

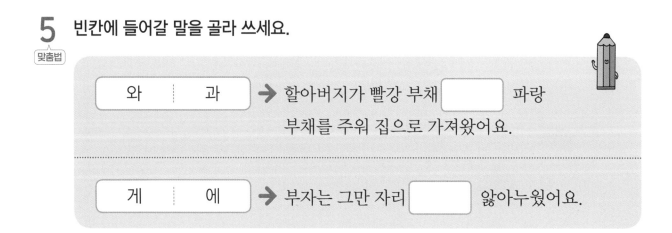

| 와 ┊ 과 | → 할아버지가 빨강 부채 [   ] 파랑 부채를 주워 집으로 가져왔어요. |

| 게 ┊ 에 | → 부자는 그만 자리 [   ] 앓아누웠어요. |

18 빨강 부채, 파랑 부채 ②

🔊)) 다음 글을 소리 내어 읽어 보세요.

　소문을 들은 할아버지는 부자를 다시 찾아갔어요. 할아버지는 파랑 부채로 부자의 코를 원래대로 돌려놓았어요. 그리고 부자의 재산 절반을 받아 부자가 되었어요.

　어느 날 할머니는 호기심이 생겼어요.

　"영감, 코가 하늘에 닿을 만큼 길게도 할 수 있을까요?"

　"그것 참 재밌겠소. 한번 해 봅시다!"

　할아버지는 마당에 서서 고개를 젖히고 빨강 부채를 흔들었어요. 할아버지의 코는 하늘로 쭉쭉 올라갔지요.

　사실 요술 부채는 하늘나라 임금님의 것이었어요. 그동안 쭉 지켜보았던 임금님은 신하들에게 명령했어요.

　"여봐라! 저 노인네의 코를 당장 대궐 기둥에 묶어라!"

　신하들은 할아버지 코를 대궐 기둥에 꽁꽁 묶었어요.

　"할멈, 코가 움직이질 않소! 어떻게 좀 해 보시오!"

　할머니는 코를 줄이려고 파랑 부채로 부채질을 해댔어요. 그런데 코가 줄어들면서 할아버지 몸은 허공에 대롱대롱 매달리고 말았어요.

　요술 부채로 남을 골탕 먹인 할아버지는 이렇게 혼쭐이 났답니다.

1 빈칸에 알맞은 말을 넣어 설명을 완성하세요.

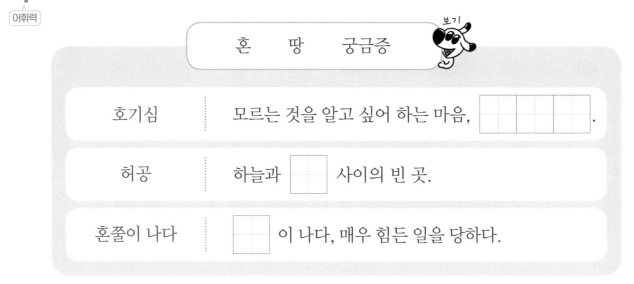

보기

혼   땅   궁금증

호기심	모르는 것을 알고 싶어 하는 마음, ⬚⬚⬚.
허공	하늘과 ⬚ 사이의 빈 곳.
혼쭐이 나다	⬚이 나다, 매우 힘든 일을 당하다.

2 ⬚ 안에 들어갈 내용으로 알맞은 것에 O표 하세요.

❶ 할아버지는 〔 빨강 ┊ 파랑 〕 부채로 부자의 코를 돌려놓았어요.

❷ 사실 요술 부채는 〔 하늘 ┊ 바다 〕 나라 임금님의 것이었어요.

❸ 코가 〔 늘어나면서 ┊ 줄어들면서 〕 할아버지 몸은 허공에 매달렸어요.

3 하늘나라 임금님은 어떤 느낌으로 말했을까요? (   )

여봐라! 저 노인네의 코를 당장 대궐 기둥에 묶어라!

① 단단히 화가 난 느낌

② 부끄럽고 쑥스러운 느낌

4 줄거리입니다. 빈칸에 들어갈 말을 골라 쓰세요.

내용 정리

> **보기**   허공   기둥   재산   하늘

할아버지는 파랑 부채로 부자의 코를 원래대로 돌려놓았어요.
그리고 부자의 [   ] 절반을 받아 부자가 되었어요.

↓

어느 날 할머니의 호기심 때문에 할아버지는 코를 [   ]로
올라갈 때까지 늘렸어요.

↓

요술 부채의 주인이었던 하늘나라 임금님은 신하들을 시켜
할아버지 코를 대궐 [   ]에 묶어 움직이지 못하게 했어요.

↓

할머니가 파랑 부채로 할아버지 코를 줄이자 할아버지 몸은
[   ]에 매달려 혼쭐이 났답니다.

5 빈칸에 들어갈 말을 골라 쓰세요.

맞춤법

| 로 : 도 | → 할아버지의 코는 하늘 [ ] 쭉쭉 올라갔지요. |

| 께 : 에게 | → 임금님은 신하들 [ ] 명령했어요. |

전래 동화

동물들의 나이 자랑 ①

🔊) 다음 글을 소리 내어 읽어 보세요.

숲속 마을에 노루, 토끼, 두꺼비가 모여 살았어요. 어느 날 이웃 마을 다람쥐가 잔치를 했다며 떡 바구니를 주고 갔지요.

노루가 바구니 쪽으로 앞다리를 뻗으며 말했어요.

"몸집이 큰 내가 제일 어른이니 먼저 먹어야겠네."

토끼가 귀를 쫑긋 세우며 노루의 다리를 앞발로 툭 쳤어요.

"어허! 무슨 소리? 수염이 긴 내가 제일 어른일세."

그러자 두꺼비가 펄쩍 뛰었어요.

"자네들, 주름이 많은 내가 제일 어른인 걸 여태 몰랐단 말인가?"

셋은 한참 옥신각신하다가 각자 살면서 겪은 일을 말해서 나이를 따져 보기로 했지요. 먼저 노루가 허풍을 떨었어요.

"내가 어릴 때 하늘에 별을 박았지. 내 나이가 그만큼 많다네."

토끼가 코웃음을 치며 말했어요.

"오호라! 자네가 그 노루구먼. 자네가 하늘에 별을 박을 때 쓴 사다리 말일세. 그건 내가 어릴 적 나무 심기 대회에 참가하여 심은 나무가 다 자란 뒤 베어서 만든 거였네. 그러니까 내가 어른일 때 자네는 코흘리개 였다는 뜻이지."

1

빈칸에 알맞은 말을 넣어 설명을 완성하세요.

> 콧물   옳다며   부풀리고   보기

옥신각신하다	서로 자기가 [ ][ ][ ] 다투다.
허풍을 떨다	실제보다 [ ][ ][ ][ ] 거짓을 보태서 말하다.
코흘리개	[ ][ ]을 흘리는 어린아이.

2

☐ 안에 들어갈 내용으로 알맞은 것에 O표 하세요.

❶ 노루, 토끼, 두꺼비는 떡을 [먼저 | 나중에] 먹겠다고 다투었어요.

❷ 두꺼비는 [수염 | 주름]을 자랑하며 자신이 제일 어른이라고 했어요.

❸ 노루는 [어릴 | 늙었을] 때 하늘에 별을 박았다고 허풍을 떨었어요.

3

토끼는 어떤 표정으로 말했을까요? (   )

오호라! 자네가 그 노루구먼.

① 존경하는 표정으로

② 우습다는 표정으로

4 줄거리입니다. 빈칸에 들어갈 말을 골라 쓰세요.

내용 정리

> 보기
>
> 별   떡   나무   나이

숲속 마을에 모여 살던 노루, 토끼, 두꺼비에게 어느 날
☐ 바구니가 생겼어요.

↓

셋은 떡을 먼저 먹겠다고 다투다가 각자 겪은 일을 말해서
☐☐ 를 따져 보기로 했지요.

↓

노루는 하늘의 ☐ 을 자신이 어릴 때 박아 둔 거라고
허풍을 떨었어요.

↓

토끼는 노루가 별을 박을 때 쓴 사다리가 자신이 어릴 적에 심은
☐☐ 가 다 자란 뒤 베어서 만든 거라고 했어요.

5 빈칸에 들어갈 말을 골라 쓰세요.

맞춤법

을 ┆ 를 → 떡 바구니 ☐ 주고 갔지요.

만큼 ┆ 에게 → 내 나이가 그 ☐ 많다네.

동물들의 나이 자랑 ②

🔊) 다음 글을 소리 내어 읽어 보세요.

두꺼비가 갑자기 흑흑 울기 시작했어요. 토끼는 두꺼비를 한심하다는 듯 바라보았고, 노루는 두꺼비를 달래 주었어요.

"자네 것도 남겨 둘 테니 걱정 마시게."

두꺼비는 눈물을 훔치고 코를 흥 푼 뒤 토끼에게 물었어요.

"그 나무 심기 대회에 다른 어린 동물들도 참가했지?"

토끼는 너스레를 떨었지요.

"당연하지. 엄청 큰 대회였거든. 전국에서 모두 모였지."

두꺼비는 침착하게 말을 이어갔어요.

"그때 내 아들도 그 대회에 참가했지. 그런데 나무를 심다가 크게 다쳤다네. 자네 이야기를 들으니 옛날 생각이 나는군."

결국 토끼는 두꺼비의 자식뻘, 노루는 두꺼비의 손자뻘인 셈이 된 거지요. 나이 자랑을 마친 두꺼비는 헛기침을 하고 말했어요.

"자네들 나이는 이제 알았으니 나부터 먹겠네!"

두꺼비는 가장 큰 떡을 먼저 골라 냠냠 먹었어요. 노루와 토끼는 할 말을 잃고 멀뚱멀뚱 서로 쳐다보았답니다.

1 빈칸에 알맞은 말을 넣어 설명을 완성하세요.

어휘력

보기

| 자식 | 물끄러미 | 떠벌리며 |

너스레를 떨다	수다스럽게 [　][　][　][　] 말을 늘어놓다.
자식뻘	[　][　] 하고 비슷한 나이인 정도.
멀뚱멀뚱	눈만 동그랗게 뜨고 [　][　][　][　] 쳐다보는 모양.

2 [　] 안에 들어갈 내용으로 알맞은 것에 O표 하세요.

이해력

❶ 토끼는 우는 두꺼비를 [한심하다는 | 걱정스럽다는] 듯 보았어요.

❷ 두꺼비는 나무 심기 대회에 자신의 [아들 | 딸] 도 참석했다고 했어요.

❸ 노루는 두꺼비의 [자식뻘 | 손자뻘] 인 셈이 되었어요.

3 두꺼비 말이 사실일 때 가장 나이가 많은 동물부터 ①, ②, ③을 쓰세요.

사고력

_____　_____　_____

4 줄거리입니다. 빈칸에 들어갈 말을 골라 쓰세요.

내용 정리

보기   큰   자식뻘   아들   두꺼비

갑자기 [| |] 가 울자 토끼는 한심하다는 듯 바라보았고,
노루는 달랬어요.

↓

우는 걸 멈춘 두꺼비는 토끼가 참가한 나무 심기 대회에 자기
[|] 도 참가했다가 크게 다쳤다고 말했어요.

↓

결국 토끼는 두꺼비의 [| |] , 노루는 두꺼비의
손자뻘이 된 셈이지요.

↓

두꺼비는 가장 [ ] 떡을 먼저 골라 냠냠 먹었고,
노루와 토끼는 멀뚱멀뚱 쳐다만 보았어요.

5 빈칸에 들어갈 말을 골라 쓰세요.

맞춤법

| 도 | 는 | → 내 아들 [   ] 그 대회에 참가했지.

| 처럼 | 부터 | → 자네들 나이는 이제 알았으니 나 [   ]
먹겠네!

요술 항아리 ①

🔊 **다음 글을 소리 내어 읽어 보세요.**

남의 땅을 빌려 농사를 짓던 한 농부가 평생 모은 돈을 들고 땅을 사기 위해 땅 부자를 찾아갔어요. 그러자 땅 부자는 농부를 돌밭으로 데리고 갔어요.

"아이고, 영감님! 이 밭은 돌밭인데요?"

"싫으면 말고!"

땅이 필요했던 농부는 어쩔 수 없이 그 돌밭을 샀어요.

그는 온종일 밭에서 괭이로 돌을 골라냈어요. 그런데 밭 한가운데에서 괭이에 뭔가가 걸렸어요. 흙을 헤집고 보니 커다란 빈 항아리였지요.

농부는 항아리를 집으로 가져가서 그 안에 괭이를 넣어 두었어요. 그러고는 너무 피곤해서 바로 곯아떨어졌어요. 다음 날 농부가 항아리 안을 보자 괭이가 한 개에서 두 개로 늘어나 있었어요.

"이럴 리가 없는데……. 설마?"

혹시나 하는 마음에 농부는 항아리 안에 엽전 한 개를 넣었어요. 잠시 뒤 항아리 안을 보니 엽전은 또 두 개로 늘어나 있었어요.

그 항아리는 무엇이든 두 개로 만드는 요술 항아리였던 거예요. 농부는 엽전을 계속 늘려 큰 부자가 되었어요.

1 빈칸에 알맞은 말을 넣어 설명을 완성하세요.

어휘력

보기

농기구   피곤하여   네모진

괭이	땅을 파거나 흙을 고르는 데 쓰는 [　][　][　].
곯아떨어지다	몹시 [　][　][　][　] 정신을 잃고 자다.
엽전	둥글고 납작하며 가운데에 [　][　][　] 구멍이 있는 옛날 동전.

2 [　] 안에 들어갈 내용으로 알맞은 것에 O표 하세요.

이해력

❶ 땅 부자는 농부를 [좋은 밭 │ 돌밭]으로 데리고 갔어요.

❷ 땅이 필요했던 농부는 [어쩔 수 없이 │ 좋아하며] 돌밭을 샀어요.

❸ 농부는 [괭이를 │ 엽전을] 계속 늘려 큰 부자가 되었어요.

3 농부의 속마음은 무엇일까요? (　　)

사고력

이럴 리가 없는데……. 설마?

① '처음부터 괭이가 두 개였나?'

② '땅 부자가 미안해서 괭이를 주고 갔나?'

③ '무엇이든 두 개로 만드는 요술 항아리인가?'

4 줄거리입니다. 빈칸에 들어갈 말을 골라 쓰세요.

내용 정리

보기   요술   괭이   돌밭   항아리

한 농부가 평생 모은 돈을 들고 땅 부자를 찾아갔는데 땅 부자는

농부에게 [　][　]을 팔았어요.

↓

온종일 돌을 골라내던 농부는 밭 한가운데에서 커다란

[　][　][　]를 캐서 집으로 가져갔어요.

↓

다음 날 농부가 항아리 안을 보니 전날 넣어 둔 [　][　]가

두 개가 되어 있었어요.

↓

무엇이든 두 개로 만드는 [　][　] 항아리 덕분에 농부는

큰 부자가 되었지요.

5 빈칸에 들어갈 말을 골라 쓰세요.

맞춤법

에게　｜　으로 → 농부를 돌밭 [　] 데리고 갔어요.

로　｜　를 → 온종일 밭에서 괭이 [　] 돌을 골라냈어요.

🔊 다음 글을 소리 내어 읽어 보세요.

요술 항아리에 대한 소문이 퍼지자 땅 부자가 농부에게 달려왔어요.

"그 항아리는 내 것일세. 자네는 밭 값만 치르지 않았나?"

"무슨 그런 억지를 부리십니까?"

둘은 말씨름을 벌이다가 원님에게 재판을 받으러 갔어요. 두 사람의 이야기를 다 들은 원님은 요술 항아리가 탐났어요.

"항아리 주인이 누군지 고민할 시간이 필요하니 여기 두고 가게나."

두 사람은 원님의 명을 거역할 수 없어 항아리를 두고 집으로 돌아갔어요.

그날 밤 원님의 아버지가 항아리를 보았어요. 처음 보는 항아리 안이 궁금했던 원님의 아버지는 허리를 구부려 들여다보았지요. 그러다가 그만 중심을 잃고 항아리 안으로 쏙 빠져 비명을 질렀어요.

놀란 원님이 달려와 항아리에서 아버지를 끄집어냈어요. 그때 항아리에서 또 아버지의 목소리가 들렸어요.

"애야, 나 좀 꺼내 다오!"

항아리 쪽으로 몸을 돌린 원님은 기절할 뻔했어요. 아버지와 똑같이 생긴 노인이 항아리에 들어 있었거든요. 두 노인은 서로 자신이 진짜라며 싸웠어요. 원님은 두 사람을 번갈아 보면서 어쩔 줄 몰라 했어요.

1 빈칸에 알맞은 말을 넣어 설명을 완성하세요.

어휘력

보기

가지고   말   윗사람

말씨름	서로 자신이 옳다면서 ⬚⬚로 싸우는 일.
탐나다	⬚⬚⬚ 싶은 마음이 생기다.
거역하다	⬚⬚⬚의 명령을 따르지 않다.

2 ⬚ 안에 들어갈 내용으로 알맞은 것에 O표 하세요.

이해력

① 땅 부자는 농부가 ⎡ 밭 ┊ 항아리 ⎤ 값만 치렀다고 억지를 부렸어요.

② 원님의 ⎡ 아버지 ┊ 어머니 ⎤ 는 항아리 안이 궁금했어요.

③ 항아리에서 나온 두 노인은 자신이 ⎡ 가짜 ┊ 진짜 ⎤ 라며 싸웠어요.

3 원님은 어떤 마음으로 말했을까요? (   )

사고력

항아리 주인이
누군지 고민할
시간이 필요하니
여기 두고 가게나.

① 항아리를 탐내는 마음

② 항아리에 관심 없는 마음

4 줄거리입니다. 빈칸에 들어갈 말을 골라 쓰세요.

내용 정리

> 보기   재판   똑같이   아버지   억지

요술 항아리에 대한 소문을 들은 땅 부자는 농부에게 달려가 항아리는 자기 것이라고 [ ][ ]를 부렸어요.

⬇

땅 부자와 농부는 원님에게 [ ][ ]을 받기로 했고, 원님은 항아리가 탐나서 두고 가라고 했지요.

⬇

그날 밤 원님의 [ ][ ][ ]가 처음 보는 항아리 안을 들여다보다가 그만 항아리 안으로 쏙 빠져 두 명이 되었어요.

⬇

[ ][ ][ ][ ] 생긴 두 노인이 서로 자신이 진짜라며 싸우는 동안 원님은 어쩔 줄 몰라 했어요.

5 빈칸에 들어갈 말을 골라 쓰세요.

맞춤법

| 만 | 도 | ➜ 자네는 밭 값 [ ] 치르지 않았나? |

| 에게 | 에서 | ➜ 항아리 [ ] 아버지를 끄집어냈어요. |

81

🔊) 다음 글을 소리 내어 읽어 보세요.

　　옛날 어느 마을에 게으름뱅이 남자가 있었어요. 아내는 이웃의 농사
일을 도와주며 먹을거리를 구해 왔지요.

　　"여보, 애들도 먹여 살려야 하는데 책임감 좀 가지세요."

　　부인의 잔소리가 듣기 싫었던 남자는 그 길로 집을 나왔지요.

　　고개를 넘어가는데 못 보던 오두막 한 채가 있었어요. 마당에는 한 노
인이 무언가를 만들고 있었지요.

　　"영감님, 그게 뭔가요?"

　　"소머리 탈이네. 이 탈을 쓰면 행운이 온다네."

　　귀가 솔깃해진 남자는 탈을 쓰게 해 달라고 졸랐고, 노인은 못 이기는
척 남자에게 탈을 씌웠지요. 그러자 남자는 진짜 소로 변했어요.

　　"어, 어, 어떻게 된 거예요? 원래대로 돌려놓아 주세요!"

　　그러나 아무리 외쳐도 음매음매 소리만 날 뿐이었어요.

　　노인은 소를 끌고 시장으로 갔어요. 마침 한 농부가 그 소에 관심을
가졌어요. 노인은 소를 헐값에 팔며 그 농부에게 당부했어요.

　　"이 소에게 절대 무를 먹이지 마시오. 그러면 소가 죽는다오."

　　정말 이상한 말이었지요.

이 소에게 절대
무를 먹이지 마시오.

1 빈칸에 알맞은 말을 넣어 설명을 완성하세요.

어휘력

보기

| 싼 | 관심 | 부탁 |

솔깃하다	상대방의 말이 그럴듯해서 ☐☐이 생기다.
헐값	그 물건의 원래 가격보다 훨씬 ☐ 값.
당부하다	말로 여러 번 단단히 ☐☐하다.

2 ☐ 안에 들어갈 내용으로 알맞은 것에 O표 하세요.

이해력

❶ 부인은 남편에게 │ 호기심 ┊ 책임감 │ 좀 가지라고 했어요.

❷ 게으름뱅이 남자는 │ 졸라서 ┊ 억지로 │ 소머리 탈을 썼어요.

❸ 노인은 소에게 절대 │ 무 ┊ 배추 │를 먹이지 말라고 농부에게 당부했어요.

3 노인은 어떤 말투로 말했을까요? (   )

사고력

이 소에게 절대 무를 먹이지 마시오.

① 진지한 말투

② 장난치는 말투

4 줄거리입니다. 빈칸에 들어갈 말을 골라 쓰세요.

보기   행운   잔소리   무   소

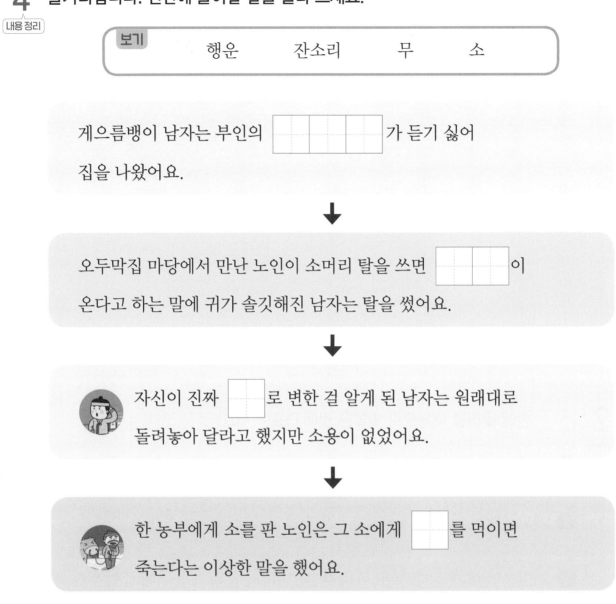

게으름뱅이 남자는 부인의 [　　　] 가 듣기 싫어

집을 나왔어요.

↓

오두막집 마당에서 만난 노인이 소머리 탈을 쓰면 [　　] 이

온다고 하는 말에 귀가 솔깃해진 남자는 탈을 썼어요.

↓

자신이 진짜 [　] 로 변한 걸 알게 된 남자는 원래대로

돌려놓아 달라고 했지만 소용이 없었어요.

↓

한 농부에게 소를 판 노인은 그 소에게 [　] 를 먹이면

죽는다는 이상한 말을 했어요.

5 빈칸에 들어갈 말을 골라 쓰세요.

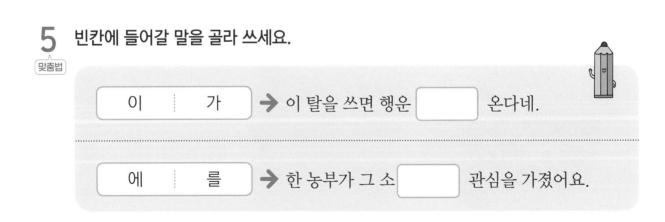

[이 ┊ 가] → 이 탈을 쓰면 행운 [　] 온다네.

[에 ┊ 를] → 한 농부가 그 소 [　] 관심을 가졌어요.

소가 된 게으름뱅이 ②

🔊 다음 글을 소리 내어 읽어 보세요.

소가 된 남자는 매일 힘들게 일했고, 밤마다 울며 후회했어요.

"탈을 괜히 썼어. 일은 안 하고 행운만 바라다가 벌을 받은 거야."

어느 날 소가 된 남자는 무밭을 지나가고 있었어요. 별안간 노인이 한 말이 생각났지요.

'짐승으로 사느니 차라리 무를 먹고 죽는 게 낫겠어!'

소가 된 남자는 무밭으로 뛰어들어 무를 뽑아 우적우적 씹었어요.

한참을 그러고 있는데 옆에서 농부의 목소리가 들렸어요.

"젊은 양반, 여기 있던 소 한 마리 못 봤소?"

'어라? 주인님이 나한테 뭐라고 하는 거지?'

남자는 자기 다리를 쳐다보았어요. 틀림없는 사람 다리였어요. 다시 사람으로 돌아온 거였어요. 신이 난 남자는 소리를 질렀어요.

"만세! 만세! 만세!"

정신이 번쩍 든 남자가 주변을 둘러보니 자기 집 방 안이었지요. 아내는 평소대로 일을 나가고 없었어요. 남자는 다시는 빈둥거리지 않겠다고 다짐했답니다.

소 한 마리 못 봤소?

1 빈칸에 알맞은 말을 넣어 설명을 완성하세요.

보기

짧은	맑아지는	단단한

별안간	갑작스럽고 아주 [ ][ ] 동안.

우적우적	[ ][ ][ ] 것을 마구 깨물어 씹을 때 나는 소리 또는 그 모양.

번쩍	정신이 갑자기 아주 [ ][ ][ ][ ][ ] 모양.

2 ⬚ 안에 들어갈 내용으로 알맞은 것에 O표 하세요.

① 소가 된 남자는 밤마다 울며 [기뻐했어요 | 후회했어요].

② 소가 된 남자가 [무 | 파]를 먹으니 사람으로 돌아왔어요.

③ 남자는 다시는 [빈둥거리지 | 일하지] 않겠다고 다짐했어요.

3 만세를 외치는 남자는 어떤 생각을 했을까요? (   )

① '정말 신나는 변신이었어!'

② '사람으로 돌아와서 다행이야!'

③ '무의 맛이 정말 좋구나!'

4 줄거리입니다. 빈칸에 들어갈 말을 골라 쓰세요.

내용 정리

> **보기**　　다짐　　행운　　사람　　무밭

소가 된 남자는 매일 힘들게 일했고, ☐☐ 만 바라다가 벌을 받았다고 생각하며 후회했어요.

↓

어느 날 소가 된 남자는 ☐☐ 을 지나가다 노인이 한 말이 생각났어요.

↓

죽는 게 낫겠다고 여긴 소가 된 남자는 무밭으로 뛰어들어 무를 뽑아 씹었어요. 그러자 다시 ☐☐ 으로 돌아왔어요.

↓

남자가 정신이 번쩍 들어 주변을 보니 자기 집 방 안이었어요.
남자는 다시는 빈둥거리지 않겠다고 ☐☐ 했답니다.

5 빈칸에 들어갈 말을 골라 쓰세요.

맞춤법

| 이 | 만 | → 일은 안 하고 행운 ☐ 바라다가 벌을 받은 거야.

| 으로 | 에서 | → 짐승 ☐ 사느니 차라리 무를 먹고 죽는 게 낫겠어.

1 이야기의 제목과 등장인물을 알맞게 연결하세요.

빨강 부채, 파랑 부채	소머리 탈을 만든 노인
동물들의 나이 자랑	원님, 땅 부자
요술 항아리	하늘나라 임금님
소가 된 게으름뱅이	노루, 토끼, 두꺼비

2 〈보기〉의 말을 낱말 판에서 찾아 묶어 보세요.

보기 허공   코흘리개   말씨름   탐나다   우적우적

콘	코	흘	리	개	콧	우
표	추	공	채	허	옅	적
탐	나	다	엱	공	볕	우
뿡	깡	잽	큐	류	넷	적
유	령	말	씨	름	섭	릿

사회 상식

1~2학년 때 배우는 '봄, 여름, 가을, 겨울' 교과와 3학년부터 배우는 사회 교과는 우리가 살면서 꼭 알아야 할 다양한 사회 지식을 다루어요. 그래서 넷째 마당에는 도구, 건강, 문화, 요리, 역사, 축제, 환경 등에 대한 재미있는 글감을 담았어요. 넷째 마당을 통해 독해력도 쑥쑥 기르고, 사회 상식도 차곡차곡 쌓아 보세요.

공부할 내용!   공부한 날짜

25	집과 의자를 타고 다녔다고?	월	일
26	초콜릿이 음료였다고?	월	일
27	모기의 침을 본뜬 주사가 있다고?	월	일
28	남극이 사막이라고?	월	일
29	구멍 뚫린 돈이 있다고?	월	일
30	국기에 독수리가 그려져 있다고?	월	일
31	애벌레가 부자로 만들어 준다고?	월	일
32	나무로 신발을 만든다고?	월	일

사회 상식

집과 의자를 타고 다녔다고?

🔊 다음 글을 소리 내어 읽어 보세요.

가마는 예전에 쓰던 탈것이에요. 가마에는 여러 종류가 있는데, 보통 긴 막대인 '들채' 위에 작은 집 모양이 얹혀 있어요.

연은 왕과 왕비가 타던 가마예요. 구슬을 꿰어 만든 발이 잘랑잘랑 늘어져 있지요. 연은 너무 무거워서 가마꾼이 열 명 넘게 필요했어요.

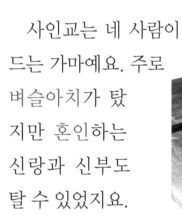

▲연

사인교는 네 사람이 드는 가마예요. 주로 벼슬아치가 탔지만 혼인하는 신랑과 신부도 탈 수 있었지요.

남여는 집 모양 대신 뚜껑이 없는 작은 의자가 얹혀 있어요. 그래서 좁은 길이나 산길도 갈 수 있었지요.

사인교▶

▲남여

여러분은 어떤 가마를 타 보고 싶나요?

1 빈칸에 알맞은 말을 넣어 설명을 완성하세요.

어휘력

보기

부부　　방울　　나랏일

잘랑잘랑	작은 ☐☐ 이나 얇은 쇠붙이가 자꾸 흔들리거나 부딪쳐 울리는 소리.
벼슬아치	임금님을 도와 ☐☐☐ 을 맡아 보는 사람.
혼인	남자와 여자가 ☐☐ 가 되는 일.

2 ☐ 안에 들어갈 내용으로 알맞은 것에 O표 하세요.

이해력

❶ 가마는 예전에 쓰던 ⟨ 탈것 ┊ 입을 것 ⟩이에요.

❷ ⟨ 연은 ┊ 사인교는 ⟩ 혼인하는 신랑과 신부도 탈 수 있었지요.

❸ 남여는 집 대신 ⟨ 책상 ┊ 의자 ⟩가 얹혀 있어요.

3 사진을 보고 바르게 말한 친구는 누구인가요? (　　　)

사고력

①
가마꾼이 네 명 필요하겠네.
바쁘냥

②
왕과 왕비가 타던 가마네.
바빠독

4 줄거리입니다. 빈칸에 들어갈 말을 골라 쓰세요.

> **보기**　　　남여　　　연　　　사인교　　　들채

가마는 　　　　위에 작은 집이나 의자를 얹은 옛날 탈것인데

여러 종류가 있었어요.

↓

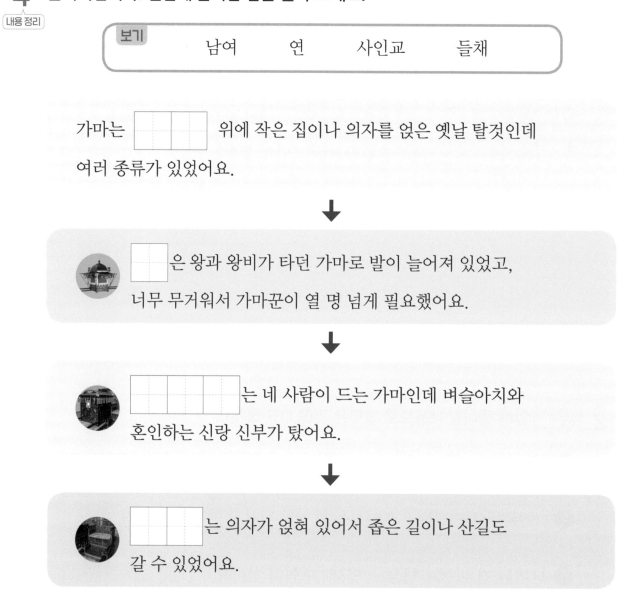

　　　은 왕과 왕비가 타던 가마로 발이 늘어져 있었고,

너무 무거워서 가마꾼이 열 명 넘게 필요했어요.

↓

　　　　　는 네 사람이 드는 가마인데 벼슬아치와

혼인하는 신랑 신부가 탔어요.

↓

　　　　는 의자가 얹혀 있어서 좁은 길이나 산길도

갈 수 있었어요.

5 파란색 글자를 바르게 고쳐 쓰세요.

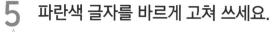

애전에 쓰던	긴 막데	구슬을 꽤어
↓	↓	↓

26 초콜릿이 음료였다고?

🔊 다음 글을 소리 내어 읽어 보세요.

여러분은 초콜릿을 후루룩 마시나요, 살살 녹여 먹나요? 이상한 질문 같지만 처음 초콜릿을 먹던 사람들은 음료로 만들어 마셨대요.

▼ 카카오나무 열매

초콜릿은 카카오나무 열매의 씨로 만들어요. 옛날 멕시코 사람들은 이 씨를 말렸다가 곱게 갈아서 물에 넣어 마셨어요. 매우 쓰지만 기분이 좋아지는 신비로운 음료였지요.

유럽 사람들이 이 음료에 반해 널리 퍼지면서 초콜릿이라고 부르기 시작했어요. 영국에서는 이 음료만 파는 초콜릿 하우스라는 가게도 유행했지요.

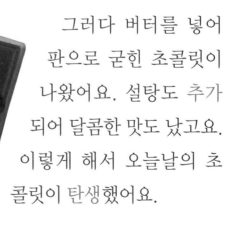

그러다 버터를 넣어 판으로 굳힌 초콜릿이 나왔어요. 설탕도 추가되어 달콤한 맛도 났고요. 이렇게 해서 오늘날의 초콜릿이 탄생했어요.

◀ 판으로 굳힌 초콜릿

1 빈칸에 알맞은 말을 넣어 설명을 완성하세요.

어휘력

보기

생김   액체   보탬

음료	사람이 마실 수 있도록 만든 ⬚⬚.
추가	나중에 더 ⬚⬚.
탄생	사람이 태어남. 또는 무엇인가 새로 ⬚⬚.

2 ⬚ 안에 들어갈 내용으로 알맞은 것에 O표 하세요.

이해력

❶ 초콜릿은 카카오나무 [열매 ┊ 줄기]로 만들어요.

❷ 옛날 멕시코 사람들은 카카오나무 열매를 [판으로 ┊ 음료로] 먹었어요.

❸ [중국 ┊ 영국]에서는 초콜릿 하우스도 유행했어요.

3 글에 담긴 내용을 잘 이해한 친구는 누구인가요? (   )

사고력

① 옛날 멕시코 사람들이 마시던
카카오 음료는 달콤한 맛이었어.

② 요즘 먹는 초콜릿이 달콤한
이유는 설탕이 추가되어서야.

바쁘냥

바빠독

4 줄거리입니다. 빈칸에 들어갈 말을 골라 쓰세요.

내용 정리

> **보기**　　설탕　　유럽　　음료　　카카오

처음 초콜릿을 먹던 사람들은 [　　] 로 만들어 마셨대요.

⬇

옛날 멕시코 사람들은 [　　　] 나무 열매의 씨를 말렸다가
곱게 갈아서 물에 넣어 마셨어요.

⬇

[　　] 사람들이 이 음료에 반해 초콜릿이라고 부르기
시작했고, 영국에서는 이 음료만 파는 가게도 유행했어요.

⬇

그러다 판으로 굳힌 초콜릿이 나왔고 [　　] 도 추가되면서
오늘날의 달콤한 초콜릿이 탄생했어요.

5 파란색 글자를 바르게 고쳐 쓰세요.

맞춤법

맥시코	나무 열메	설탕도 추가돼어
↓	↓	↓

사회 상식

모기의 침을 본뜬 주사가 있다고?

🔊)) 다음 글을 소리 내어 읽어 보세요.

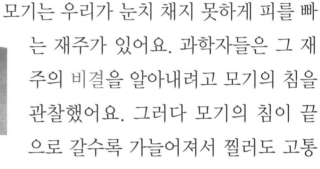

▲ 모기의 침을 본뜬 주삿바늘

누구나 주사 맞을 때의 통증을 싫어해요. 병으로 매일 주사를 맞아야 하는 환자는 더욱 고통스럽겠지요.

이런 사람을 위해 한 의료 회사에서 새로운 주삿바늘을 개발했어요. 흥미롭게도 그 바늘은 모기의 침을 본떴다고 해요.

모기는 우리가 눈치 채지 못하게 피를 빠는 재주가 있어요. 과학자들은 그 재주의 비결을 알아내려고 모기의 침을 관찰했어요. 그러다 모기의 침이 끝으로 갈수록 가늘어져서 찔러도 고통을 주지 않는다는 걸 알아냈지요.

그래서 과학자들은 끝으로 갈수록 가늘어지는 바늘을 만들었어요. 이 바늘은 찌를 때 고통을 주지 않았어요. 그래서 매일 주사를 맞아야 하는 환자에게 큰 도움을 주었어요.

모기의 침처럼 끝부분을 톱니처럼 만들고 피부에 닿는 면적을 작게 해 통증을 줄였어요!

1 빈칸에 알맞은 말을 넣어 설명을 완성하세요.

보기

흥내	자기만	새로운

개발					물건을 만들어 발표함.

본뜨다	어떤 것을 똑같이			내다.

비결	알려져 있지 않은				의 뛰어난 방법.

2 ⬚ 안에 들어갈 내용으로 알맞은 것에 O표 하세요.

❶ 누구나 주사 맞을 때의 통증을 ⬚ 싫어해요 │ 좋아해요 ⬚.

❷ 한 의료 회사에서 ⬚ 벌 │ 모기 ⬚의 침을 본떠 새로운 주삿바늘을 개발했어요.

❸ 과학자들은 끝으로 갈수록 ⬚ 가늘어지는 │ 굵어지는 ⬚ 바늘을 만들었어요.

3 앞에 올 말로 알맞은 것은 무엇인가요? (   )

① 주삿바늘 끝이 가늘면

② 주삿바늘 끝이 두꺼우면

찌를 때
고통을 주지 않아요.

4 줄거리입니다. 빈칸에 들어갈 말을 골라 쓰세요.

내용 정리

> **보기**　　　통증　　　침　　　매일　　　끝

주사 맞을 때의 ☐☐ 때문에 병으로 매일 주사를 맞아야 하는 환자는 고통스러워요.

↓

한 의료 회사에서 이러한 환자를 위해 모기의 ☐을 본떠 새로운 주삿바늘을 개발했어요.

↓

과학자들은 모기의 침이 ☐으로 갈수록 가늘어져서 찔러도 고통을 주지 않는다는 걸 알아냈지요.

↓

과학자들은 이것을 흉내 낸 바늘을 개발했고 ☐☐ 주사를 맞아야 하는 환자들에게 큰 도움을 주었어요.

5 파란색 글자를 바르게 고쳐 쓰세요.

맞춤법

싫어헤요	의료 홰사	피를 빠는 제주
↓	↓	↓

98

바빠 독해 **28** # 남극이 사막이라고?

🔊 **다음 글을 소리 내어 읽어 보세요.**

여러분이 생각하는 사막은 어떤 모습인가요? 사람들은 '사막' 하면 모래 언덕과 높은 기온을 떠올려요. 그러나 온통 눈과 얼음으로 덮인 사막도 있답니다.

어떤 땅이 사막으로 불리려면 일 년 내내 비가 거의 내리지 않아야 해요. 동식물도 거의 살지 않아야 하고요.

▲ 흔히 떠올리는 사막

▲ 미라 상태로 발견된 물개

남극도 비가 내리지 않아서 아주 건조하고, 살 수 있는 동식물이 거의 없어요. 어떤 골짜기에서는 몇 천 년 전에 죽은 물개가 썩지도 않은 미라 상태로 발견되기도 했지요.

이렇게 건조하고, 살 수 있는 동식물이 거의 없기 때문에 남극을 눈과 얼음으로 뒤덮인 '하얀 사막'이라고 부른답니다.

▼ 하얀 사막

1 빈칸에 알맞은 말을 넣어 설명을 완성하세요.

어휘력

보기

죽은　　물기　　공기

기온	☐☐의 온도.
건조하다	말라서 ☐☐가 없다.
미라	☐☐ 사람이나 동물이 썩지 않고 바짝 말라서 원래 모습과 가깝게 남아 있는 것.

2 ☐ 안에 들어갈 내용으로 알맞은 것에 O표 하세요.

이해력

❶ 사람들은 '사막' 하면 [낮은 ┊ 높은] 기온을 떠올려요.

❷ 남극의 어떤 골짜기에서는 죽은 [물개 ┊ 고래] 가 미라 상태로 발견되었어요.

❸ 남극을 ' [하얀 ┊ 검은] 사막'이라고 불러요.

3 남극을 사막으로 부를 수 있는 이유 두 가지를 고르세요. (　　,　　)

사고력

① 비가 내리지 않아서 아주 건조해요.

② 살 수 있는 식물과 동물이 거의 없어요.

③ 기온이 아주 높아요.

4 줄거리입니다. 빈칸에 들어갈 말을 골라 쓰세요.

내용 정리

> 보기
>
> 모래   비   건조   남극

사람들은 '사막' 하면 ☐☐ 언덕과 높은 기온을 떠올리지만,
눈과 얼음으로 덮인 사막도 있어요.

⬇

어떤 땅이 사막으로 불리려면 일 년 내내 ☐가 거의 내리지 않고,
동식물이 거의 살지 않아야 해요.

⬇

남극도 아주 ☐☐하고 살 수 있는 동식물이 거의 없어요.
죽은 물개가 썩지도 않은 미라 상태로 발견되기도 했어요.

⬇

그래서 ☐☐을 눈과 얼음으로 뒤덮인 '하얀 사막'이라고
부른답니다.

5 파란색 글자를 바르게 고쳐 쓰세요.

맞춤법

일 년 네네	거이 없어요	죽은 물게
⬇	⬇	⬇

구멍 뚫린 돈이 있다고?

🔊 다음 글을 소리 내어 읽어 보세요.

우리 조상이 쓰던 동전을 엽전이라고 해요. '엽(葉)'은 한자로 '잎사귀', '전(錢)'은 한자로 '돈'이라는 뜻이에요. 그러니까 엽전은 '잎사귀 돈'이라는 뜻이지요.

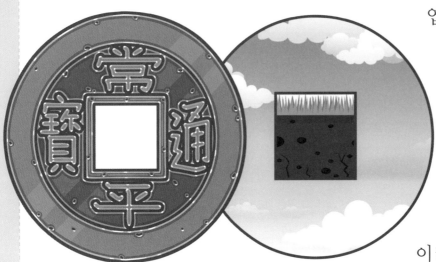

▲ 하늘과 땅을 본떠 만든 엽전

엽전의 동그란 모양은 하늘을 본떠 만들었어요. 가운데 구멍의 네모난 모양은 땅을 본뜬 것이지요.

그런데 왜 '엽전'이라고 했을까요? 엽전은 나뭇가지 모양의 틀에 쇳물을 부어서 만들어요. 그 모습이 나뭇가지에 대롱대롱 달린 잎사귀 같아서 엽전이라고 했답니다. 쇳물이 식으면 가지 끝의 동그라미를 떼어 매끈매끈하게 다듬었지요.

그럼 엽전 한가운데 구멍을 뚫은 까닭은 무엇일까요? 엽전 여러 개를 실에 꿰어 들고 다니기 쉽도록 한 거예요. 이렇게 동전을 꾸러미로 만들면 흘리거나 잃어버릴 염려가 없으니까요.

> 실로 꿰면 들고 다니기 편하다고!

1 빈칸에 알맞은 말을 넣어 설명을 완성하세요.

어휘력

보기
| 윤기 | 실 | 중국 |

한자	고대 [ ][ ]에서 만들어져 오늘날에도 쓰이는 글자.
매끈매끈	[ ][ ]가 나고 매끄러운 모양.
꿰다	[ ]이나 끈 따위를 구멍에 넣어 다른 쪽으로 꺼내다.

2 [   ] 안에 들어갈 내용으로 알맞은 것에 O표 하세요.

이해력

❶ 우리 조상이 쓰던 [종이돈 ┊ 동전]을 엽전이라고 해요.

❷ 엽전 가운데 구멍의 네모난 모양은 [하늘 ┊ 땅]을 본뜬 것이지요.

❸ 엽전은 나뭇가지 모양의 틀에 [쇳물 ┊ 빗물]을 부어서 만들어요.

3 뒤에 이어질 내용으로 알맞은 것은 무엇인가요? (   )

사고력

엽전 가운데에
구멍을 뚫으면

① 실로 꿰어 꾸러미로 들고 다닐 수 있어요.

② 흘리거나 잃어버릴 수 있어요.

4 줄거리입니다. 빈칸에 들어갈 말을 골라 쓰세요.

내용 정리

보기   나뭇가지   하늘   꾸러미   잎사귀

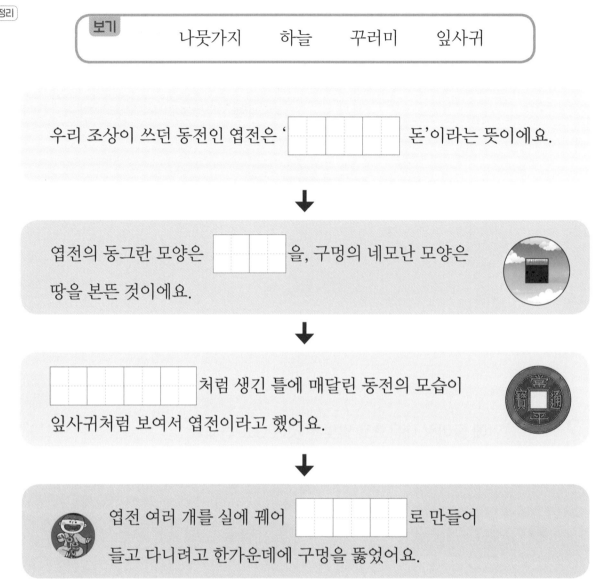

우리 조상이 쓰던 동전인 엽전은 '⬜⬜⬜ 돈'이라는 뜻이에요.

⬇

엽전의 동그란 모양은 ⬜⬜을, 구멍의 네모난 모양은 땅을 본뜬 것이에요.

⬇

⬜⬜⬜⬜처럼 생긴 틀에 매달린 동전의 모습이 잎사귀처럼 보여서 엽전이라고 했어요.

⬇

엽전 여러 개를 실에 꿰어 ⬜⬜⬜로 만들어 들고 다니려고 한가운데에 구멍을 뚫었어요.

5 파란색 글자를 바르게 고쳐 쓰세요.

맞춤법

잎사기 돈	데롱데롱	솃물이 식으면
⬇	⬇	⬇

바빠 독해 30 국기에 독수리가 그려져 있다고?

◁)) 다음 글을 소리 내어 읽어 보세요.

국기에는 그 나라의 역사와 국민의 생각이 담겨 있어요. 그런데 독수리가 그려져 있는 국기가 여럿 있어요.

먼저 멕시코 국기예요. 독수리가 뱀을 물고 선인장에 앉아 있는 모습이 나와요. 이 그림은 멕시코의 수도가 세워지게 된 전설과 관련이 있어요.

알바니아 국기에는 머리가 두 개 달린 독수리가 나와요. 자신들을 침략한 나라와 용감하게 싸우던 조상들이 쓰던 깃발에 그려져 있던 것을 따온 것이지요.

내가 그려진 국기가 여럿이라고!

▲ 멕시코 국기

▲ 알바니아 국기

카자흐스탄의 국기에는 황금 독수리가 나와요. 초원에서 살았던 조상이 늘 함께 한다고 믿었던 독수리를 그려 넣은 거예요. 이렇게 국기에 등장하는 그림은 그 나라의 역사를 보여 줘요.

▲ 카자흐스탄 국기

1 빈칸에 알맞은 말을 넣어 설명을 완성하세요.

어휘력

보기

들판   쳐들어가   중심

수도	한 나라의 [　][　]이 되는 도시.
침략	남의 나라에 [　][　][　][　] 괴롭힘.
초원	풀이 나 있는 넓은 [　][　].

2 [　] 안에 들어갈 내용으로 알맞은 것에 O표 하세요.

이해력

❶ 멕시코 국기에 나오는 독수리는 [뱀 ┊ 선인장]을 물고 있어요.

❷ 알바니아 국기에는 머리가 [세 ┊ 두] 개 달린 독수리가 나와요.

❸ 카자흐스탄의 국기에는 [황금 ┊ 하얀] 독수리가 나와요.

3 국기와 독수리에 대한 설명, 나라 이름을 알맞게 연결하세요.

사고력

(국기)	머리 두 개 달린 독수리	카자흐스탄
(국기)	황금 독수리	멕시코
(국기)	뱀을 문 독수리	알바니아

4 줄거리입니다. 빈칸에 들어갈 말을 골라 쓰세요.

내용 정리

보기   조상   전설   알바니아   역사

국기에는 그 나라의 ☐☐ 와 국민의 생각이 담겨 있는데
독수리가 그려진 국기가 여럿 있어요.

↓

멕시코 국기에는 뱀을 문 독수리가 나오는데 멕시코의 수도가
세워지게 된 ☐☐ 과 관련이 있어요.

↓

☐☐☐☐ 국기에는 머리가 두 개 달린 독수리가
나오는데, 용감했던 조상들이 쓰던 깃발에서 따온 거예요.

↓

카자흐스탄 국기에는 초원에 살았던 ☐☐ 들이
늘 함께한다고 믿었던 황금 독수리가 나와요.

5 파란색 글자를 바르게 고쳐 쓰세요.

맞춤법

국민에 생각이   수도가 새워지게   머리가 두 게

↓   ↓   ↓

애벌레가 부자로 만들어 준다고?

🔊 다음 글을 소리 내어 읽어 보세요.

한복을 만들 때 쓰는 비단은 매우 귀했어요. 빛깔이 우아하고 부드러 웠지요. 옛날에는 비단을 만들 수 있으면 큰돈을 벌었어요. 비단은 어떻 게 만들었을까요?

먼저 누에를 구해야 해요. 누에는 누에나방의 애벌레이지요. 그리고 누에에게 뽕나무 이파리를 부지런히 먹여서 통통해질 때까지 키워요.

그렇게 한 달쯤 지나면 누에는 스스로 하얀 실을 토해 내어 몸에 둘둘 말아 집을 만들어요. 이것을 '누에고치'라고 해요.

누에고치를 끓는 물 에 넣고 삶으면 가느다 란 실이 살살 풀려요. 이 실 여러 가닥을 꼬아서 명 주실로 만들어요. 명주실로 천을 짜면 자르르 윤기가 나는 비단이 되는 거지요.

▼ 비단

누에고치 ▶

누에 ▶

1

1 빈칸에 알맞은 말을 넣어 설명을 완성하세요.

어휘력

아름답고 반질반질 하나하나 보기

| 우아하다 | | | | | 훌륭하다. |

이파리 나무나 풀의 살아 있는 잎 [　][　][　][　].

윤기 [　][　][　][　] 하고 매끈한 느낌이 나는 것.

2 ☐ 안에 들어갈 내용으로 알맞은 것에 O표 하세요.

이해력

❶ 한복을 만들 때 쓰는 비단은 매우 [귀했어요 | 흔했어요].

❷ 누에는 누에나방의 [애벌레 | 번데기] 이지요.

❸ 누에고치를 끓는 물에 넣고 삶으면 실이 살살 [엉켜요 | 풀려요].

3 한 어린이가 쓴 편지의 빈칸에 알맞은 내용은 무엇인가요? (　　　)

사고력

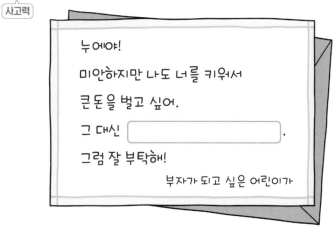

누에야!
미안하지만 나도 너를 키워서
큰돈을 벌고 싶어.
그 대신 [　　　　　　　].
그럼 잘 부탁해!
　　　　　　　부자가 되고 싶은 어린이가

① 너에게 뽕나무 이파리를
　부지런히 먹여 줄게.

② 너에게 한복을 만들어 줄게.

③ 너에게 집을 만들어 줄게.

4 줄거리입니다. 빈칸에 들어갈 말을 골라 쓰세요.

내용 정리

> **보기**　　　누에고치　　　비단　　　천　　　뽕나무

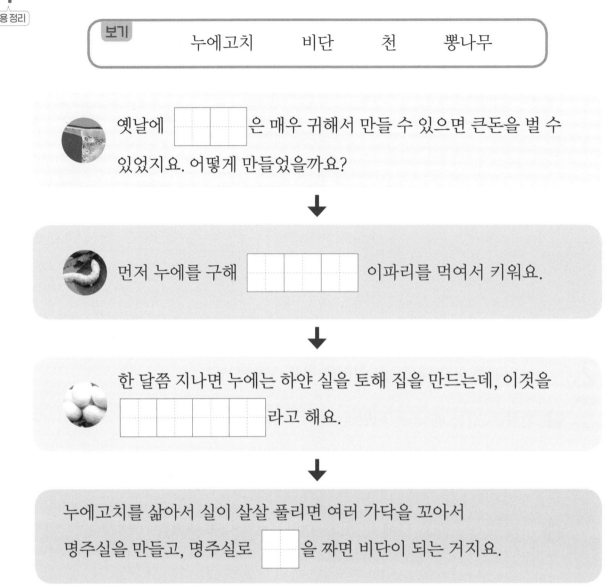

옛날에 ☐☐은 매우 귀해서 만들 수 있으면 큰돈을 벌 수 있었지요. 어떻게 만들었을까요?

⬇

먼저 누에를 구해 ☐☐☐ 이파리를 먹여서 키워요.

⬇

한 달쯤 지나면 누에는 하얀 실을 토해 집을 만드는데, 이것을 ☐☐☐☐라고 해요.

⬇

누에고치를 삶아서 실이 살살 풀리면 여러 가닥을 꼬아서 명주실을 만들고, 명주실로 ☐을 짜면 비단이 되는 거지요.

5 파란색 글자를 바르게 고쳐 쓰세요.

맞춤법

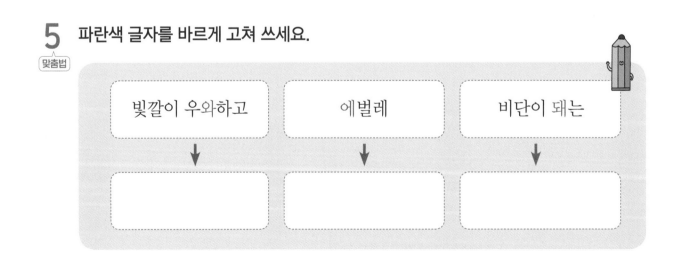

빛깔이 우와하고	에벌레	비단이 돼는
↓	↓	↓

110

바빠독해 32 나무로 신발을 만든다고?

🔊 다음 글을 소리 내어 읽어 보세요.

우리는 천이나 가죽, 고무로 만든 신발에 익숙해요. 그런데 나무를 깎아서 만든 신발도 있어요.

먼저 우리 조상들이 신던 '나막신'이 있어요. 빗물이나 진흙이 발에 튀지 않도록 굽이 있고 끝이 올라와 있어요. 걸을 때는 딸깍딸깍 소리가 나요.

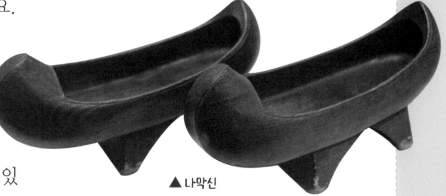

▲ 나막신

일본 사람들이 신는 '게타'도 나무 신발이에요. 나무 판에 구멍을 세 개 뚫고 끈을 달아요. 첫째 발가락과 둘째 발가락 사이에 끈을 끼워서 신지요. 신고 벗기에 편리해요.

네덜란드에는 '클롬펜'이라는 나무 신발이 있어요.

▲ 게타

네덜란드 사람들은 바다를 막아서 땅을 만들었기 때문에 땅이 질척하지요. 그래서 진흙에도 잘 젖지 않는 나무 신발을 만들어 신었다고 해요.

여러분은 어떤 신발을 신고 싶나요?

클롬펜 ▶

1 빈칸에 알맞은 말을 넣어 설명을 완성하세요.

어휘력

보기
| 진흙 | 자주 | 단단한 |

익숙하다 ┆ | | | 봐서 처음 본 것 같지 않다.

딸깍딸깍 ┆ | | | | 물건이 부딪쳐서 나는 소리.

질척하다 ┆ | | | 이나 반죽이 물기가 많아 매우 질다.

2 ☐ 안에 들어갈 내용으로 알맞은 것에 O표 하세요.

이해력

❶ '나막신'은 비나 진흙이 튀지 않도록 끝이 │ 내려가 ┆ 올라가 │ 있어요.

❷ '게타'는 │ 첫째 ┆ 새끼 │ 발가락과 둘째 발가락 사이에 끈을 끼워서 신어요.

❸ '클롬펜'은 │ 바다 ┆ 진흙 │에 잘 젖지 않아요.

3 뒤에 이어질 내용으로 가장 알맞은 것은 무엇인가요? (   )

사고력

> 굽이 있고
> 끝이 올라와 있으면

① 걸을 때 소리가 나지 않아요.

② 신고 벗기에 편리해요.

③ 빗물이나 진흙이 발에 튀지 않아요.

4 줄거리입니다. 빈칸에 들어갈 말을 골라 쓰세요.

보기   나막신   일본   네덜란드   가죽

우리에게 익숙한 신발은 천이나 ⬜⬜, 고무로 되어 있는데
나무를 깎아서 만든 신발도 있어요.

⬇

우리 조상이 신던 ⬜⬜⬜은 굽이 있고 끝이 올라와
있으며 걸을 때 딸깍딸깍 소리가 나요.

⬇

⬜⬜ 사람들이 신던 '게타'는 나무 판에 끈이 달려 있고,
신고 벗기에 편리해요.

⬇

⬜⬜⬜⬜에는 진흙에도 잘 젖지 않는 '클롬펜'이라는
나무 신발이 있어요.

5 파란색 글자를 바르게 고쳐 쓰세요.

진흙이 틔지	끈을 끼어서	내덜란드
⬇	⬇	⬇

113

알맹이만 뽑아 정리하기

1 이야기의 내용과 어울리는 문장끼리 알맞게 연결하세요.

옛날 멕시코 사람들은	'하얀 사막'이라고 해요.
남극을	끝이 올라와 있어요.
나막신은 빗물이 튀지 않도록	천을 짜면 비단이 돼요.
누에고치에서 얻은 실로	카카오열매로 음료를 만들어 마셨어요.

2 〈보기〉의 말을 낱말 판에서 찾아 묶어 보세요.

보기　벼슬아치　혼인　개발　침략　미라

흘	표	침	략	녔	죽	냇
개	퓨	츄	켜	켑	미	라
발	닿	혼	인	캐	뿐	규
코	읊	앗	솟	춉	벼	켠
샀	벼	슬	아	치	콧	갭

114

바쁜 초등학생을 위한

빠른 독해 정답

2단계
초등 1~2학년

① 정답을 확인한 후 틀린 문제는 ☆표를 쳐 놓으세요~

② 그리고 그 문제들만 다시 풀어 보는 습관을 들이면 최고!

✏️ 내가 틀린 문제를 확인하는 습관을 들이면
아무리 바쁘더라도 공부 실력을 키울 수 있어요!

01 13~14쪽

1 이리저리, 씹는, 표정

2 ❶ 배고픈 ❷ 위험 ❸ 들은 척 만 척 했어요

3 ①

4 배고픈 ➡ 내려가기 ➡ 칭찬 ➡ 풀

5 먹이를 찾아, 자칫하면, 수염도 멋지지만

※ 파란색 글자만 써도 정답입니다.

02 16~17쪽

1 질긴, 친구, 부탁

2 ❶ 씹으며 ❷ 억지로 ❸ 목숨

3 ②

4 절벽 ➡ 우정 ➡ 친구 ➡ 들통

5 귀찮다는 듯, 뱉고 싶은 걸, 목숨을 잃을

03 19~20쪽

1 빠르다, 숨, 걱정

2 ❶ 처음으로 ❷ 다정하게 ❸ 무서운

3 ②

4 줄무늬 ➡ 푸드덕 ➡ 쥐구멍 ➡ 가슴

5 바깥 구경, 활짝 웃으며, 무서운 눈빛

04 22~23쪽

1 손가락, 겉, 구별하다

2 ❶ 두 ❷ 고양이였어요 ❸ 구해 준

3 ①

4 그림 ➡ 수탉 ➡ 고양이 ➡ 친구

5 수탉, 겉모습, 앞으로는

05 25~26쪽

1 정답게, 알, 뒤

2 ❶ 거위 ❷ 보금자리 ❸ 황금 알

3 ①

4 거위 ➡ 주인 ➡ 열흘 ➡ 황금

5 앞마당, 그렇게 거위는, 믿을 수 없어

06 28~29쪽

1 정신, 찬성, 울려고

2 ❶ 하나씩 ❷ 한꺼번에 ❸ 황금

3 ①

4 부자 ➡ 몽땅 ➡ 할머니 ➡ 후회

5 알을 낳지요, 맞장구치며, 때늦은

07　　　　　　　　　　　　　31~32쪽

1 기어, 날아, 피해

2 ❶ 사자 ❷ 날개 ❸ 독수리

3 ①

4 초원 ➡ 전쟁 ➡ 박쥐 ➡ 공격

5 버릇없는, 엎드렸어요, 발톱

08　　　　　　　　　　　　　34~35쪽

1 싸움, 알림, 숨기던

2 ❶ 독수리 ❷ 길짐승 ❸ 동굴

3 ②

4 이기는 ➡ 평화 ➡ 잔치 ➡ 날짐승

5 왔다갔다, 사냥감을 낚아챈, 초원에서 쫓겨나

첫째 마당 복습　　　　　36쪽

1 이야기 제목과 배울 점을 연결하세요.

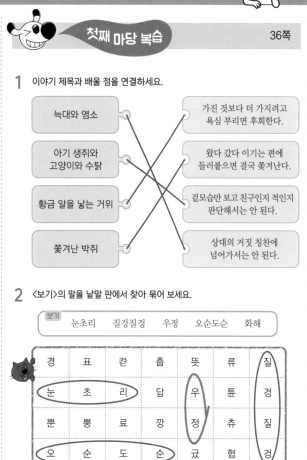

늑대와 염소	가진 것보다 더 가지려고 욕심 부리면 후회한다.
아기 생쥐와 고양이와 수탉	왔다 갔다 이기는 편에 들러붙으면 결국 쫓겨난다.
황금 알을 낳는 거위	겉모습만 보고 친구인지 적인지 판단해서는 안 된다.
쫓겨난 박쥐	상대의 거짓 칭찬에 넘어가서는 안 된다.

2 〈보기〉의 말을 낱말 판에서 찾아 묶어 보세요.

보기　눈초리　질겅질겅　우정　오순도순　화해

경	표	켠	춥	뜻	류	질
눈	초	리	답	우	튠	경
뿐	뿡	료	깡	정	츄	질
오	순	도	순	귯	협	겅
쥔	펩	넹	샘	화	해	캡

다섯 고개 놀이
호 박사

나는 누구일까요? 첫째 마당에 나온 낱말이에요!

1. 나는 날 수 있지만 새는 아닙니다.
2. 나는 밝은 곳을 싫어합니다.
3. 어떤 영화 주인공들은 자꾸 나를 흉내 냅니다.
4. 그만큼 내가 멋있다는 증거겠지요.
5. 참! 나의 특기는 '거꾸로 매달리기'입니다.

ㅂ	ㅈ

09 39~40쪽

1 안, 모서리, 땅

2 ❶ 주사위 ❷ 큰창자 ❸ 모나게

3 ①

4 웜뱃 ➡ 큰창자 ➡ 뻣뻣한 ➡ 영역

5 먹은∨음식, 쓸모∨있는

 10 42~43쪽

1 우주, 자루, 잠

2 ❶ 우주인 ❷ 중심 ❸ 없어요

3 ②

4 우주인 ➡ 중심 ➡ 중력 ➡ 고정

5 둥둥∨떠서, 단단히∨고정하고

 11 45~46쪽

1 화석, 껍데기, 보살펴서

2 ❶ 고생물학자 ❷ 알 ❸ 보살피는

3 ②

4 화석 ➡ 호너 ➡ 어미 ➡ 도마뱀

5 사나운∨공룡, 새로운∨화석

 12 48~49쪽

1 영양, 넓이, 모아서

2 ❶ 붙들어 ❷ 가느다란 ❸ 뿌리

3 ①

4 물 ➡ 뿌리털 ➡ 수염 ➡ 고구마

5 가느다란∨뿌리털, 소중한∨존재

 13 51~52쪽

1 사납고, 흔하지, 끌어서

2 ❶ 캥거루 ❷ 희귀한 ❸ 빛을 내어

3 ②

4 포악한 ➡ 주머니 ➡ 수컷 ➡ 빛

5 포악한∨모습, 희귀한∨상어

 14 54~55쪽

1 돋아난, 단맛, 기르다

2 ❶ 갈색 ❷ 뉴질랜드 ❸ 울음소리

3 ②

4 새 ➡ 갈색 ➡ 중국 ➡ 세계

5 새콤달콤한∨맛, 거친∨깃털

15   57~58쪽

1 뒤적이다, 내밀었다, 평범하지

2 ① 개구리예요 ② 땅속 ③ 땅파기

3 ①, ③

4 호주 ➡ 올챙이 ➡ 흰개미 ➡ 비

5 휘어진∨다리, 특이한∨개구리

16   60~61쪽

1 나이, 살갗, 첫

2 ① 곡선 ② 변하지 않아요 ③ 없어요

3 ①

4 안쪽 ➡ 활 ➡ 배 ➡ 범인

5 부드럽게∨굽은, 점점∨커지는

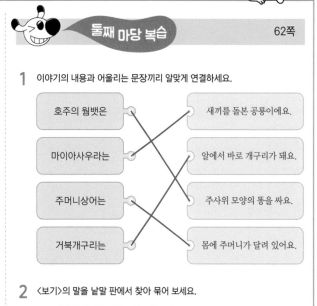

둘째 마당 복습   62쪽

1 이야기의 내용과 어울리는 문장끼리 알맞게 연결하세요.

호주의 웜뱃은	새끼를 돌본 공룡이에요.
마이아사우라는	알에서 바로 개구리가 돼요.
주머니상어는	주사위 모양의 똥을 싸요.
거북개구리는	몸에 주머니가 달려 있어요.

2 〈보기〉의 말을 낱말 판에서 찾아 묶어 보세요.

보기   영역   잠결   양육   희귀하다   단서

코	뿐	굿	단	서	혀	깨
송	희	갭	콘	읇	사	배
쥔	귀	요	영	역	뉴	양
춥	하	샀	교	혀	돛	육
컹	다	뜻	잠	결	풋	곳

다섯 고개 놀이

호 박사

나는 누구일까요? 둘째 마당에 나온 낱말이에요!

1. 나는 뿌리입니다.

2. 부끄럽지만, 뿌리치고는 뚱뚱한 편입니다.

3. 내 이름 앞에 '호박'을 붙인 종류도 있습니다.

4. 나는 간식으로 인기가 높습니다.

5. 너무 많이 먹으면 방귀가 뿡뿡 나오니 조심하세요.

ㄱ	ㄱ	ㅁ

정답 고구마

17 65~66쪽

1 갑자기, 부유하게, 작은

2 ❶ 늘어났어요 ❷ 부자 ❸ 절반을

3 ③

4 파랑 ➡ 요술 ➡ 생일 ➡ 절반

5 와, 에

 18 68~69쪽

1 궁금증, 땅, 혼

2 ❶ 파랑 ❷ 하늘 ❸ 줄어들면서

3 ①

4 재산 ➡ 하늘 ➡ 기둥 ➡ 허공

5 로, 에게

 19 71~72쪽

1 옳다며, 부풀리고, 콧물

2 ❶ 먼저 ❷ 주름 ❸ 어릴

3 ②

4 떡 ➡ 나이 ➡ 별 ➡ 나무

5 를, 만큼

 20 74~75쪽

1 떠벌리며, 자식, 물끄러미

2 ❶ 한심하다는 ❷ 아들 ❸ 손자뻘

3 2-3-1

4 두꺼비 ➡ 아들 ➡ 자식뻘 ➡ 큰

5 도, 부터

 21 77~78쪽

1 농기구, 피곤하여, 네모진

2 ❶ 돌밭 ❷ 어쩔 수 없이 ❸ 엽전을

3 ③

4 돌밭 ➡ 항아리 ➡ 괭이 ➡ 요술

5 으로, 로

 22 80~81쪽

1 말, 가지고, 윗사람

2 ❶ 밭 ❷ 아버지 ❸ 진짜

3 ①

4 억지 ➡ 재판 ➡ 아버지 ➡ 똑같이

5 만, 에서

23 83~84쪽

1 관심, 싼, 부탁

2 ❶ 책임감 ❷ 졸라서 ❸ 무

3 ①

4 잔소리 ➡ 행운 ➡ 소 ➡ 무

5 이, 에

24 86~87쪽

1 짧은, 단단한, 맑아지는

2 ❶ 후회했어요 ❷ 무 ❸ 빈둥거리지

3 ②

4 행운 ➡ 무밭 ➡ 사람 ➡ 다짐

5 만, 으로

 셋째 마당 복습 88쪽

1 이야기의 제목과 등장인물을 알맞게 연결하세요.

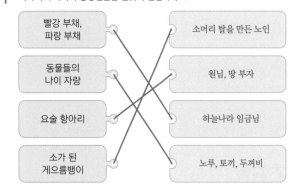

빨강 부채, 파랑 부채	—	소머리 탈을 만든 노인
동물들의 나이 자랑		원님, 땅 부자
요술 항아리		하늘나라 임금님
소가 된 게으름뱅이		노루, 토끼, 두꺼비

2 <보기>의 말을 낱말 판에서 찾아 묶어 보세요.

보기
허공   코흘리개   말씨름   탐나다   우적우적

콘	코	흘	리	개	콧	우
표	추	공	채	허	옅	적
탐	나	다	엱	공	볕	우
뽕	깡	잽	큐	류	넷	적
유	령	말	씨	름	섭	릿

다섯 고개 놀이

호 박사

나는 누구일까요? 셋째 마당에 나온 낱말이에요!

1. 나는 주로 밤에 다닙니다.

1. 나는 개구리와 다릅니다.

3. 솔직히 말하면, 내가 개구리보다는 복스럽답니다.

4. 효녀 심청을 도와준 적도 있답니다.

5. 여러분이 헌 집을 주면 제가 새집을 줄게요.

| ㄷ | ㄲ | ㅂ |

정답: 두꺼비

25 91~92쪽

1 방울, 나랏일, 부부

2 ❶ 탈것 ❷ 사인교는 ❸ 의자

3 ②

4 들채 ➡ 연 ➡ 사인교 ➡ 남여

5 예전에 쓰던, 긴 막대, 구슬을 꿰어

26 94~95쪽

1 액체, 보탬, 생김

2 ❶ 열매 ❷ 음료로 ❸ 영국

3 ②

4 음료 ➡ 카카오 ➡ 유럽 ➡ 설탕

5 멕시코, 나무 열매, 설탕도 추가되어

27 97~98쪽

1 새로운, 흉내, 자기만

2 ❶ 싫어해요 ❷ 모기 ❸ 가늘어지는

3 ①

4 통증 ➡ 침 ➡ 끝 ➡ 매일

5 싫어해요, 의료 회사, 피를 빠는 재주

28 100~101쪽

1 공기, 물기, 죽은

2 ❶ 높은 ❷ 물개 ❸ 하얀

3 ①, ②

4 모래 ➡ 비 ➡ 건조 ➡ 남극

5 일 년 내내, 거의 없어요, 죽은 물개

29 103~104쪽

1 중국, 윤기, 실

2 ❶ 동전 ❷ 땅 ❸ 쇳물

3 ①

4 잎사귀 ➡ 하늘 ➡ 나뭇가지 ➡ 꾸러미

5 잎사귀 돈, 대롱대롱, 쇳물이 식으면

30 106~107쪽

1 중심, 쳐들어가, 들판

2 ❶ 뱀 ❷ 두 ❸ 황금

3
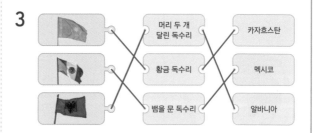

4 역사 ➡ 전설 ➡ 알바니아 ➡ 조상

5 국민의 생각이, 수도가 세워지게, 머리가 두 개

31

109~110쪽

1 아름답고, 하나하나, 반질반질

2 ❶ 귀했어요 ❷ 애벌레 ❸ 풀려요

3 ①

4 비단 ➡ 뽕나무 ➡ 누에고치 ➡ 천

5 빛깔이 우아하고, 애벌레, 비단이 되는

32

112~113쪽

1 자주, 단단한, 진흙

2 ❶ 올라가 ❷ 첫째 ❸ 진흙

3 ③

4 가죽 ➡ 나막신 ➡ 일본 ➡ 네덜란드

5 진흙이 튀지, 끈을 끼워서, 네덜란드

넷째 마당 복습

114쪽

1 이야기의 내용과 어울리는 문장끼리 알맞게 연결하세요.

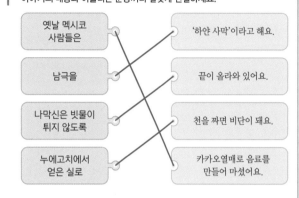

옛날 멕시코 사람들은 — 카카오열매로 음료를 만들어 마셨어요.

남극을 — '하얀 사막'이라고 해요.

나막신은 빗물이 튀지 않도록 — 끝이 올라와 있어요.

누에고치에서 얻은 실로 — 천을 짜면 비단이 돼요.

2 〈보기〉의 말을 낱말 판에서 찾아 묶어 보세요.

보기 | 벼슬아치 | 혼인 | 개발 | 침략 | 미라 |

흘	표	침	략	녔	죽	냇
개	퓨	츄	켜	켑	미	라
발	닳	혼	인	캐	뿐	규
코	윰	앗	솟	춥	벼	켠
샀	벼	슬	아	치	콧	갭

다섯 고개 놀이

호 박사

나는 누구일까요? 넷째 마당에 나온 낱말이에요!

1. 대부분의 사람은 나를 싫어합니다.

2. 특히 아기들은 나만 보면 웁니다.

3. 여러분의 엉덩이를 자꾸 찔러 미안합니다.

4. 내가 찌르기 전에 엉덩이를 찰싹 때리면 조금 나을 겁니다.

5. 내가 여러분을 찌르는 건 다 여러분을 위해서예요.

ㅈ ㅅ

정답 주사

• 가마(90쪽), 나막신(111쪽) 사진 제공 출처: 김지호_한국관광공사

바빠쌤이 알려 주는 '바빠 영어' 학습 로드맵

'바빠 영어'로 초등 영어 끝내기!

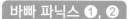
바빠 파닉스 ❶, ❷

바빠 사이트 워드 ❶, ❷

바빠 영단어 Starter ❶, ❷

바빠 3·4 영단어

바빠 5·6 영단어

바빠 5·6 영어 시제

바빠 3·4 영문법 ❶, ❷

바빠 5·6 영문법 ❶, ❷

바빠 5·6 영작문

바빠^{시리즈} 초등 학년별 추천 도서

학년	학기별 연산책 바빠 교과서 연산 학기 중, 선행용으로 추천!	나 혼자 푼다! 수학 문장제 학교 시험 서술형 완벽 대비!
1학년	·바쁜 1학년을 위한 빠른 교과서 연산 1-1 ·바쁜 1학년을 위한 빠른 교과서 연산 1-2	·나 혼자 푼다! 수학 문장제 1-1 ·나 혼자 푼다! 수학 문장제 1-2
2학년	·바쁜 2학년을 위한 빠른 교과서 연산 2-1 ·바쁜 2학년을 위한 빠른 교과서 연산 2-2	·나 혼자 푼다! 수학 문장제 2-1 ·나 혼자 푼다! 수학 문장제 2-2
3학년	·바쁜 3학년을 위한 빠른 교과서 연산 3-1 ·바쁜 3학년을 위한 빠른 교과서 연산 3-2	·나 혼자 푼다! 수학 문장제 3-1 ·나 혼자 푼다! 수학 문장제 3-2
4학년	·바쁜 4학년을 위한 빠른 교과서 연산 4-1 ·바쁜 4학년을 위한 빠른 교과서 연산 4-2	·나 혼자 푼다! 수학 문장제 4-1 ·나 혼자 푼다! 수학 문장제 4-2
5학년	·바쁜 5학년을 위한 빠른 교과서 연산 5-1 ·바쁜 5학년을 위한 빠른 교과서 연산 5-2	·나 혼자 푼다! 수학 문장제 5-1 ·나 혼자 푼다! 수학 문장제 5-2
6학년	·바쁜 6학년을 위한 빠른 교과서 연산 6-1 ·바쁜 6학년을 위한 빠른 교과서 연산 6-2	·나 혼자 푼다! 수학 문장제 6-1 ·나 혼자 푼다! 수학 문장제 6-2

'바빠 교과서 연산'과
'나 혼자 문장제'를
함께 풀면
한 학기 수학 완성!

바쁜 친구들이 즐거워지는 **빠른** 학습서

영역별 연산책 바빠 연산법
방학 때나 학습 결손이 생겼을 때~

- 바쁜 1·2학년을 위한 빠른 **덧셈**
- 바쁜 1·2학년을 위한 빠른 **뺄셈**
- 바쁜 초등학생을 위한 빠른 **구구단**
- 바쁜 초등학생을 위한 빠른 **시계와 시간**
- 보일락 말락~ 바빠 **구구단판** + 원리노트

- 바쁜 3·4학년을 위한 빠른 **덧셈**
- 바쁜 3·4학년을 위한 빠른 **뺄셈**
- 바쁜 3·4학년을 위한 빠른 **분수**
- 바쁜 3·4학년을 위한 빠른 **곱셈**
- 바쁜 3·4학년을 위한 빠른 **나눗셈** (4학년부터 권장합니다.)

- 바쁜 5·6학년을 위한 빠른 **곱셈**
- 바쁜 5·6학년을 위한 빠른 **나눗셈**
- 바쁜 5·6학년을 위한 빠른 **분수**
- 바쁜 5·6학년을 위한 빠른 **소수** (6학년부터 권장합니다.)

바빠 국어/ 급수한자
초등 교과서 필수 어휘와 문해력 완성!

- 바쁜 초등학생을 위한 빠른 **맞춤법 1**
- 바쁜 초등학생을 위한 빠른 **급수한자 8급**
- 바쁜 초등학생을 위한 빠른 **독해 1, 2**

- 바쁜 초등학생을 위한 빠른 **독해 3, 4**
- 바쁜 초등학생을 위한 빠른 **맞춤법 2**
- 바쁜 초등학생을 위한 빠른 **급수한자 7급 1, 2**

- 바쁜 초등학생을 위한 빠른 **급수한자 6급 1, 2, 3**
- 보일락 말락~ 바빠 **급수한자판** + 6·7·8급 모의시험

- 바쁜 초등학생을 위한 빠른 **독해 5, 6**

재미있게 읽다 보면 나도 모르게 교과 지식까지 쑥쑥!

바빠 영어
우리 집, 방학 특강 교재로 인기 최고!

- 바쁜 초등학생을 위한 빠른 **사이트 워드 1, 2**
- 바쁜 초등학생을 위한 빠른 **파닉스 1, 2**

- 바쁜 3·4학년을 위한 빠른 **영단어**
- 바쁜 3·4학년을 위한 빠른 **영문법 1, 2**

같은 시간을 공부해도 효과 극대화!

- 바쁜 5·6학년을 위한 빠른 **영단어**
- 바쁜 5·6학년을 위한 빠른 **영문법 1, 2**
- 바쁜 5·6학년을 위한 빠른 영어특강 - **영어 시제** 편
- 바쁜 5·6학년을 위한 빠른 **영작문**